노무현 정권 대북정책의 평가

이경통일안보총서
006

노무현 정권 대북정책의 평가

공동저자

•

정경환 조경근 박광득
김창희 조찬래

발 간 사

1860년대부터 시작된 한국근현대사는 한국사 전반에 걸쳐 일찍이 유례를 찾기 어려웠던 격동과 격변의 역사로 기록되고 있다. 왕조의 몰락, 제국주의의 침략과 지배, 동족간의 전쟁, 해방, 민주혁명, 군사쿠데타, 조국근대화, 민중봉기, 독재의 연속, 민주화운동 등 숨가쁘게 이어지는 역사의 격랑 속에서 우리는 일시적인 역사의 후퇴는 있었지만 늘 진보를 향한 질주를 멈추지 않았다. 기나긴 독재의 터널에서 벗어나 우리는 민주화의 상징인물에 의한 정부 구성에 큰 기대를 가지고, 아낌없는 지지와 성원을 보냈다. 그러나 기대만큼 성과를 거두지 못했다.

특히 이전의 정권보다 이념적으로 좌파적 경향을 보인 김대중, 노무현 양대 정권에서의 대북정책의 오류로 현상적으로는 남북한간의 긴장이 완화되고 교류협력이 증진한 것처럼 보이지만, 실질적으로 남북한간의 분단구조는 보다 고착화되고 분단모순이 확산되고 말았다. 국민의 동의 없이 일방적으로 보내진 천문학적인 대북현금지원은 북한의 개방·개혁을 촉진하기 보다는 오히려 우리를 위협하는 가공할 만한 미사일과 핵무기로 무장하는 결과를 초래하고 말았다. 지금까지 세계사의 경험으로 볼 때 독재권력에 대해 유화적인 포용정책으로 독재권력이 개방되거나 무너진 경우는 찾아보기 어렵다.

김일성에 이어 북한의 김정일 정권은 현재 60년 이상 전제적 독재를 행사하고 있다. 우리는 무자비한 독재권력에 대해 민주주의에 대한 열망 하나만으로 싸워 민주화를 쟁취한 소중한 역사의 경험을 가지고 있다. 4월민주혁명, 부마민주항쟁, 5·15민중항쟁과 6·10 민주항쟁의 위대한 민주화정신은 우리의 가슴에 영원히 남아 있다.

그럼에도 민주화운동을 했던 김대중·노무현 양 정권은 북한의 전제적 독재에 대해서는 개혁과 개방 그리고 인권개선에 대해 공개적으로 말하는 것을 주저하고 대북포용이라는 미명하에 북한의 반인륜적인 전제통치에 대해서 침묵으로 일관하였다.

자유, 인권 및 민주주의는 21세기 우리 인류가 지향해야 할 보편적 가치이다. 그 어떤 명목으로도 독재는 용인될 수 없다. 북한을 전제적 독재체제에서 개방·개혁체제로 전환하는 가장 유용한 전략적 수단은 인류의 보편적 가치로써 대응하는 것이다. 그럼에도 불구하고 지난 10년간 좌파적 정권들은 북한에 대해 인류의 보편적 가치를 적용하여 개방과 개혁 그리고 민주화를 촉구하기 보다는 일대 일의 등가성원칙과 민족화해라는 이름으로 전세계의 우려에도 불구라고 끊임없이 현금을 포함한 물자를 제공해왔다. 그러나 북한은 이러한 우리의 지원에 감사하고 감동하기보다는 오히려 2006년 10월 핵실험으로 사실상 핵보유국이 되어 우리의 생존을 위협하고 있다.

이러한 엄중한 민족의 안보정세에 직면하여 자유민주적 사관에 입각하여 민족의 인권, 자유 및 번영이 담보되는 대북정책과 통일전략하는 연구하는 연구자들의 모임인 한국통일전략학회에서는 지난 5년간 노무현 정권의 대북정책을 객관적으로 평가하는 **'노무현 정권 대북정책의 평가'**란 책을 세상에 내놓는다. 여기에 게재된 글들이 과거 정권의 오류를 극복하여 자유민주주의를 기반으로 하는 통일조국을 창출하는 데 밑거름이 되기를 기원한다.

2008년 4월
한국통일전략학회
회장 정 경 환

목 차

제1장 노무현 정권 대북정책의 문제점과 개선방향

정 경 환*

〔국문요약〕

본 연구는 노무현 정권의 대북정책이 발산하고 있는 문제점을 면밀히 고찰하고 이를 토대로 향후 개선해야 할 대북정책의 방향을 소개하고 있다. 노무현 정권은 전임 김대중 정권의 햇볕정책을 그대로 계승하여 대북포용정책을 전개해왔다. 노무현·김대중 양대 진보정권의 대북포용정책은 결과적으로 북한을 개방·개혁시키는데 실패하고 2006년 10월 북한의 핵무기 실험이라는 결과를 초래하고 말았다. 노무현 정권의 대북정책을 개인적 사감에서 벗어나 오직 민족의 자유, 번영이 담보되는 통일조국의 창출에 도움이 되는 방향에서 냉철히 평가해야 한다. 노 정권 대북정책의 오류는 노무현 개인과 노 정권 대북인식과 대북정책을 먼저 파악해야 한다. 노 정권의 대북인식을 설명하면 첫째, 비현실적인 대북낙관론, 대북 동조론적 양태 및 오도된 국제관을 지적할 수 있다. 이러한 대북인식을 가진 노 정권의 대북정책은 많은 문제점을 발산하고 있다. 첫째, 대북 포용도 일변도의 정책만을 집착하고 있다는 사실을 지적할 수 있고 둘째, 평화의 전제가 자유임을 제대로 이해하지 못하고 있다. 셋째는 한미동맹이 지니는 중요성에 대한 몰인식을 지적할 수 있고, 넷째, 김정일 정권의 실체에 대한 몰이해를 말할 수 있고, 마지막으로 국내의 이원적 분열상황의 조장을 들 수 있다.

주제어 : 노무현 정권, 대북정책, 대북인식, 동북아균형자론, 한미동맹, 평화, 자유

---

* 동의대학교.

Ⅰ. 서론(문제의 제기)

노무현 정권의 임기가 지난 2월 24일 종결되었다. 사람마다 보는 시각에 따라 평가가 다르겠지만 대북정책의 기조와 이념에 있어서 노무현 정권 5년은 이전의 김대중 정권의 성격과 그 궤를 같이 하는 데에는 큰 이의가 없다. 김대중 정권은 1998년 2월 25일 출범과 동시에 평화, 화해, 협력의 실현을 통한 남북한관계의 개선이라는 대북정책의 목표를 가지고 대북포용정책을 전개했다. 현상적으로 보면 남북한관계에 일대진전이 있는 것처럼 보이지만 북한 김정일 정권의 기본적인 속성과 북한체제가 변화하지 않은 상태에서 낙관적인 대북인식에 기초한 일방적인 대북시혜조치들은 궁극적으로 북한의 전제적 독재체제만을 강화시켜주고 군사적 무장만을 증가시키는 결과를 가져올 수밖에 없다. 이러한 사실은 2006년 7월의 북한의 미사일발사와 10월의 핵무기 실험발사 강행으로 분명히 인식할 수 있다.[1)]

김대중 정권과 노무현 정권 대북정책의 문제점은 그 맥을 같이 하고 있는데, 가장 중요한 평가의 기준은 낙관적이고 환상적인 대북인식이라고 할 수 있다.[2)] 대한민국의 정치형태는 대통령중심제이다. 대통령중심제(대통령제, 대통령책임제. presidential system)는 엄격한 권력분립에 입각하여 집행부의 수반(대통령이)이 국민에

---

1) 김대중 정권의 대북정책의 문제점을 중심으로 하는 평가와 과제에 대해서는 정경환, "김대중 정부 대북정책의 문제점과 개선방향," 『21세기 정치학회보』, 제9집 2호(21세기 정치학회, 1999), pp.284-305; 정경환, "김대중 정부의 대북정책 평가와 향후 과제," 『통일전략』, 제2권 제2호(한국통일전략학회, 2002), pp.79-103 참조.

2) 김대중과 김대중 정권의 대북인식의 구체적 내용에 대해서는 위의 글, pp.83-89 참조.

의하여 선거되고, 그 임기동안 의회에 대하여 책임을 지지 아니하며, 의회로부터 완전히 독립한 지위를 유지하는 정부형태를 말한다.[3] 이 말은 대통령제 하에서 대통령은 국가의 모든 정책에 대해 무한한 책임을 가지고 있다는 것이고, 그만큼 그 권한이 막중하다는 것을 의미한다. 그래서 대통령은 우리 헌법 제66조 2항에 "국가의 독립·영토의 보전·국가의 계속성과 헌법을 수호할 책무를 진다"라고 명기되어 있다.

대통령 한사람이 국가를 운영하고 국가의 실현체인 정부의 모든 정책을 제의, 감시 및 심판할 수는 없다. 그러나 대통령제 하에서 모든 정책은 대통령의 책임으로 귀결될 수밖에 없는 것이 헌법상의 논리이다. 특히 대북정책은 다른 모든 국가의 정책과 비교할 수 없을 정도로 그 중요성이 지대하다. 대북정책의 실패와 오류는 당장 국가의 안위와 직결될 수 있다는 사실이다. 북한은 여전히 우리에게 있어서는 적과 동포라는 이중성을 지니고 있기 때문에[4] 동포라는 측면에만 맞추어 환상적인이고 낙관적인 태도로 일관하게 되면 적이라는 측면에서 발생하는 제반 현안들에 대한 효과적인 대응을 하기 어려울 뿐만 아니라 북한의 일거수 일투족에 따라 희비의 쌍곡선을 그릴 수밖에 없는 결과를 도출할 수 있다.

지난 2월 25일을 기해 이명박 정부가 들어섰다. 새로운 정부는 전임정권의 유산 중 계승해야 할 점은 계승해서 보다 발전시키고 잘못된 점은 청산하여 새로운 정책방향을 모색해야 한다. 필자가

3) 권영성, 『헌법학개론』(법문사, 1990), p.611.
4) 한국의 안보를 책임지고 있는 국방부가 발표한 『2006 국방백서』(국방부, 2006)는 "군사적인 면에서 양적으로 우세한 북한군의 재래식 군사력과 핵·미사일 등 대량살상무기 개발은 여전히 한반도와 지역안보에 가장 큰 위협이 되고 있다"고 지적하고 있다. 위의 책, p.15.

노무현 정권의 대북정책을 긍정적 차원에서 평가하기보다는 문제점을 중심으로 비판의 차원에서 평가를 가하고 있는 것은 노무현 정권에 대한 개인적 감정을 가지고 폄하하는 것이 아니다. 학자적 신념과 양식의 차원에서 오랫동안 북한 및 통일문제를 연구한 입장에서 볼 때, 그리고 자유민주주의에 대한 투철한 신념을 가지고 접근해볼 때 나아가 북한체제와 김정일 정권을 있는 그대로의 차원에서 객관적으로 인식할 때, 노무현 정권의 대북정책과 노무현 전임 대통령 개인의 대북인식은 큰 문제점이 있다는 결론을 내리게 된 것이다.

이러한 전임 정권에 대한 "쓴 비판"이 이전의 김대중·노무현 정권처럼 사장되지 말고 정책입안과 시행에 적용이 되어 다시는 전임 정권과 같은 실패와 오류를 범하지 않기를 현 정권의 정책담당자에게 촉구하는 바이다. 이런 점에서 본 논문은 단순히 학문적 자기만족을 위한 한 학자의 연구성과가 아니라 바로 현실에서 새로운 대북정책을 기획하고 실현하는데 하나의 참고가 되었으면 하는 현실적 바램을 가지고 논문을 집필했다는 사실을 밝혀두고자 한다. 과거 특히 김대중 정권은 자신의 정책인 햇볕정책을 "유일무이한 정책"으로 규정짓고 자신의 정책에 반대하는 전문가들과 정치세력의 발언에 대해서는 "반통일" "냉전" "수구"라는 전혀 타당성이 없는 용어를 사용하여 무차별적으로 공격하는데 전념하였다. 전문가들이 학자적 양식과 논리를 가지고 아무리 정권에 대해 논리로 설득하고 말을 하여도 "메아리 없는 절규"에 불과하였다. 김대중 정권 하에서 국론통합을 통해 중지를 모아야 할 대북정책은 내부의 이원적 분열로 인해 현실에서 국민적 지지를 받지 못하고 표류하였다. 이러한 점은 노무현 정권에도 그대로 계승되어 자신의 정책에 반대하는 전문가들과 정치세력의 주장에 대해 전혀 귀

기울이려고 하지 않았다. 이제 노 정권은 5년간의 지루한 임기를[5] 마감하고 역사의 한 장으로 지나가 버리고 말았다.

노무현 정권의 대북정책을 평가함에 있어 분명한 원칙이 있어야 한다. 첫째, 노무현 개인과 노무현 정권에 대한 개인적 사감을 개입시켜 대북정책을 평가해서는 안 된다는 사실이다. 대북정책은 이미 언급한 바와 같이 민족의 명운이 걸린 정책으로 결코 그 어떤 오류나 실패도 용납되어서는 안 된다. 그래서 대북정책에 대한 평가에 있어서는 누구나 공감할 수 있는 객관성이 담보되어야 한다. 둘째, 노무현 정권의 대북정책을 평가하는 가장 중요한 이유는 비판을 통해 발생되는 문제점을 보다 면밀히 검토하여 다시는 이러한 오류를 반복해서는 안 된다는 정책적 지향점을 제시해야 한다는 점을 명심해야 한다. 마지막으로 생각해야 할 점은 대북정책에 대한 평가는 북한체제의 실질적 변화라는 차원에서 이루어져야 한다는 것이다. 역대 대북정책의 목표는 북한을 개방개혁체제로 변화시켜 한반도 평화체제를 형성하는 데 있다. 현상적인 성과나 결과만 가지고 이루어진 대북정책에 대한 평가는 일종이 "신기루"에 불과할 뿐이다.

필자는 이러한 평가원칙과 기준을 가지고 노무현 정권의 대북정책을 평가하고자 한다. 우선 노무현 정권의 대북정책과 노무현 개인의 대북인식을 간단히 설명하고, 이를 기초로 해서 북한체제 특히 김정일 정권의 기본적 속성과 비교해서 그 문제점을 중심으로

5) 2007년 12월 28일 당시 이명박 대통령 당선자와의 만찬회동에서 노무현 전대통령은 "5년이 빠르게 지나갔나. 힘들게 지나갔나"라는 이 당선자의 질문에 대해 "좀 길게 느껴졌다. … 5년을 가는 것은 매듭이 없어서 지루하게 느껴진다"라고(『동아일보』, 2007년 12월 29일자, A5면) 언급한 바 있다.

나름의 평가를 시도하고자 한다. 그리고 마지막으로는 이러한 노무현 정권의 대북정책에 대한 평가를 토대로 향후 지향해야 할 정책과제를 제시할 것이다.

Ⅱ. 노무현 정권의 대북인식과 대북정책

노무현 정권의 대북정책을 올바르게 평가하기 위해서는 노무현 정권의 실질적인 책임자인 노무현 개인의 대북관과 대북인식을 제대로 알아야 하고 나아가 노무현 정권이 발표하여 시행한 대북정책의 골자에 대해 제대로 파악해야 한다.

1. 노무현 정권의 '평화번영정책'의 주요 골자

노무현 정권은 자신의 대북정책을 '평화번영정책'으로 명명한 바 있다. 노무현 정권의 대북정책을 파악하기 위해서는 통일부, 국가홍보처, 국방부 등이 발표한 관계자료에 대한 설명과 해석이 필요하다.[6] 참여정부는 한반도 평화를 증진하고 공동번영을 추구하기 위해 평화번영정책을 단기적으로는 북한 핵문제 해결, 중기적으로는 한반도 평화체제 구축, 중장기적으로는 동북아 경제중심국가

6) '평화번영정책'에 대해서는 국가안정보장회의, 『평화번영과 국가안보 통일부 : 참여정부의 안보정책 구상』(서울: 국가안전보장회의 상임위원회, 2004); 통일부, 『대한민국의 평화와 번영, 국민과 함께 지키겠습니다 : 북한 핵실험 이후 대북정책 설명자료』(서울: 통일부, 2006) ; 통일부, 『참여정부 3년, 평화번영정책 성과』(서울: 통일부, 2006) ; 통일정책실 정책2담당관실, 『참여정부의 평화번영정책』(서울: 통일부, 2003) 등 참고.

건설이라는 전략으로 추진하였다.[7] '평화번영정책'은 "국민의 정부의 대북 화해협력정책을 계승·발전시킨 것"으로[8] 평가된다.

참여정부의 '평화번영정책'의 골자를 몇 가지로 요약하면 첫째, 김대중 정권의 대북정책의 기조를 그대로 이어받아 상호신뢰와 호혜주의를 바탕으로 대화와 협력을 통해 한반도 문제를 풀어나가자는 것이다.[9] 둘째는 정책추진과정에서 주변국 등 국제사회와 긴밀하게 협력하고 국민의 참여와 동의를 확보하는데 중점을 두고 있다고 스스로 밝히고 있다.[10] 셋째는 이러한 원칙 아래, 남북간 안보와 경제 분야에서 균형 있게 교류를 확대하여 한반도에 평화와 번영을 토대로 만들어 나간다는 것이다.[11]

그리고 '평화번영정책'은 4가지의 기본 원칙으로 구성되어있는데 노무현 전 대통령이 취임사에서 밝힌 그 내용은 다음과 같다.

> 첫째, 모든 현안은 대화를 통해 풀도록 하겠습니다. 둘째, 상호신뢰를 우선하고 호혜주의를 실천해 나가겠습니다. 셋째, 남북 당사자 원칙에 기초해 원활한 국제협력을 추구하겠습니다. 넷째, 대내외적 투명성을 높이고 국민참여를 확대하며 초당적 협력을 얻겠습니다. 국민과 함께 하는 '평화번영정책'이 되도록 하겠습니다.[12]

---

7) 김동수, "평화번영을 위한 대북정책," 통일부통일교육원, 『통일문제이해 2006』(서울: 통일부통일교육원 연구개발팀, 2006), p.82. 대북정책의 추진전략에 대해서는 통일정책실 정책2담당관실, 『참여정부의 평화번영정책』, p.15 참조.

8) 통일부, 『대한민국의 평화와 번영, 국민과 함께 지키겠습니다 : 북한 핵실험 이후 대북정책 설명자료』, p.15.

9) 위의 책, p.15.

10) 위의 책, p.15.

11) 위의 책, p.15.

12) 『동아일보』, 2003년 2월 26일자(A1면).

이상과 같은 평화번영정책이 지니고 있는 정책내용과 추진전략에 의거한 정책적 특징을 살펴보면 첫째, 김대중 정권의 햇볕정책을 그대로 계승하고 있다는 점이다. 즉 '평화번영정책'은 북한을 정치적 실체로 인정하고 북한과 평화공존을 모색하고 있다는 점에서 햇볕정책과 공통점을 지니고 있다고 하겠다.[13] 둘째, 북한에 대한 교류협력의 증대를 통한 남북한관계의 개선을 추구하고 있다는 점이다. 이는 북한을 적대적인 관계로 설정하여 설득과 강제의 이중적 배합전략을 가지고 전략적인 차원으로 대하기보다는 대화와 협력의 대상자임을 분명히 하고 있다는 점이다. 다음으로 지적할 수 있는 특징은 남북한관계를 넘어 동북아의 평화와 공동번영을 추구하고 있다는 점이다.[14] 노무현 정권은 동북아 질서에서 평화와 번영은 분리될 수 없으며, 평화번영정책과 동북아 경제중심국가 건설은 목표와 수단의 관계에 있다고[15] 밝히고 있다.[16]

2. 노무현 정권의 대북인식 내용

노무현 정권의 대북정책을 제대로 평가하기 위해서는 노무현 정권 특히 노무현 개인의 대북인식을 파악할 필요가 있다. 노무현

13) 박종철, "평화번영정책의 이론적 기초 및 체계," 박종철외, 『평화번영정책의 이론적 기초와 과제』(서울: 통일연구원, 2003), p.26.

14) 김동수, 앞의 글, p.85.

15) 민주평화통일자무회의사무처, 『평화・번영의 동북아시대 : 정책과제와 추진전략』(서울: 민주평화통일자문회의사무처, 2003), p.6.

16) 동북아시대 구상 실현을 위한 핵심과제에 대해서는 대통령자문 동북아시대위원회, 『참여정부의 동북아시대 구상』(서울: 대통령자문 동북아시대위원회, 2006), pp.45-72 참조. 동북아의 지역 협력방안에 대해서는 Kyuryoon Kim, *New Linkages of Northeast Asian Regional Cooperation*(Seoul: Korean Institute for National Unification, 2007)를 참조.

개인의 대북인식은 그의 발언록을 정책과 비교해서 분석할 것이다.

(1) 비현실적인 대북 낙관론

노무현 개인과 노무현 정권이 표방한 대북인식을 살펴보면 첫째, 북한체제 구체적으로 말하면 김정일 정권의 속성을 제대로 파악하지 못한 채 낙관적인 사고로 일관하고 있다는 점이다. 이러한 대북 낙관론을 알 수 있는 대표적인 발언이 북한핵에 대한 노무현 전대통령의 일련의 언급이다. 그는 2005년 6월 25일 개최된 '6·25전쟁 55주년 참전용사 위로연'에 참석하여 "지금 한반도의 평화를 가장 위협하는 것은 북핵 문제"라고 지적하면서 "다시는 6·25와 같은 전쟁이 있어서는 안 되고 평화를 지키기 위해서는 누구도 넘볼 수 없는 충분한 힘이 있어야 한다"라고[17] 하여 북핵문제가 지니고 있는 안보상 심각성을 이해하는 듯한 발언을 하면서도 그 대처양식에 있어서는 너무나 나이브(naive)하고 현실을 제대로 인식하지 못하는 발언을 연속적으로 언급한 바 있다.

대북정책을 수립하는데 있어서 가장 필수적인 사항은 북한의 현실을 있는 그대로 파악할 수 있는 올바른 대북인식이라고 할 수 있다. 북한에 대한 인식은 북한문제와 통일문제를 취급하고 해결책을 모색하는데 있어서 가장 중요한 전제이다. 그러면 북한을 어떻게 인식하는 것이 올바른 방향인가?[18] 가장 중요한 요인은 북한의 실체를 "있는 그대로 보자"는 것이다. 북한의 김정일 정권이 가지는 속성을 자신의 주관적 판단에 의해 재단하지 말고 북한이

17) 『동아일보』, 2005년 6월 27일자(A11면).

18) 북한에 대한 인식의 문제에 대해서는 정경환, "북한핵문제의 기본인식과 실체적 대응," 『통일전략』, 제5권 제1호(한국통일전략학회, 2005), pp.10-20 참조.

현재 처해있는 정치·경제·안보 등의 상황을 객관적인 자료와 증언 등을 종합해서 판단하자는 것이다.

다음으로 북한을 인식할 때 동포애적 차원에서만 보지 말고 세계사의 "거대한" 발전의 차원에서 보자는 것이다. 즉 세계사는 일시적으로는 반민주적 세력에 의해 유린되는 것처럼 보이지만 역사의 긴 관점에서 보면 민주주의와 자유의 방향으로 질주하고 있다는 점은 세계사의 흐름에서 증거 해 주고 있다. 이런 점에서 볼 때 북한을 인식할 때 세계사의 발전방향을 결정짓고 있는 '민주주의'는 기본원칙이 되어야 한다.[19]

마지막으로 북한을 인식할 때 간과해서는 안 되는 중요한 사항은 과연 북한이 남한에 대한 혁명전략을 지니고 있느냐라는 점이다. 다시 말하면 북한의 김정일 정권이 지니고 있는 대남전략의 최종적인 귀결점이 무엇인가라는 점에 대한 보다 명확한 인식이 요청된다는 것이다. 6·25전쟁을 자행한 김일성 정권의 대남적화전략이 세습정권인 김정일 정권에서 변화했는가라는 점은 대북한 인식의 바로미터이다. 남한에 대한 적화라는 국가목표를 그대로 유지한 채 통일을 말하는 것은 일종의 눈속임이자 반민족적 책동이라고 할 수 있다.[20] 대남혁명노선을 견지하고 있는 정권과 진정으로 긴장완화와 화해의 정책을 펼치고 있는 정권에 대한 인식은 완전히 대조적일 수밖에 없는 것이다.

이상과 같은 대북인식의 전제 내지 조건을 비추어 볼 때 북한의 김정일 정권은 대남적화야욕을 그대로 견지한 채 대량살상무기를 확산하고 있는 반민주적·반역사적·반인륜적 정권으로 규정하지

19) 위의 글, pp.17-18.
20) 위의 글, p.19.

않을 수 없다. 북한의 정치체제는 국가의 구성원인 인민의 정치참여권이 원천적으로 봉쇄된 전제적인 독재체제로 규정하지 않을 수 없는 것이다. 현재 김정일 정권은 권력장치에 맞서는 어떠한 행동이나 '저항'을 용납하지 않고 철저하게 관리·통제하는 것으로 요약된다.21) 또한 인류의 역사발전과는 완전히 배치되는 반역사적 행위를 정권적 차원에서 자행하고 있는데, 대표적인 행위가 인민에 대한 인권유린행위이다.

2007년 3월 6일 미국무성이 발표한 '연례 국가별 인권보고서'(Country Reports on Human Rights Practices - 2006)에 명기된 북한의 인권유린 상황은 다음과 같다.

> 북한 정부의 인권 상황은 극히 열악한 수준이며, 동 정권은 심각한 인권유린을 지속해왔다. 정권은 여러 측면에서 국민들을 엄격하게 통제하고 있다. 북한 국민에게는 자신들의 정부를 교체할 수 있는 권리가 주어지지 않는다. 정치범 등을 포함한 다수의 주민들이 적법한 절차를 거치지 않은 상태에서 처형·실종·임의구금의 위협에 노출돼있다. 수용소 상황은 매우 가혹하고 수감자들의 생명을 위협하고 있으며 상시적인 고문이 보고되고 있다. 임신한 여성 수감자를 대상으로 강제 낙태가 실시되고 있다는 보고가 입수되고 있으며 수용소에서 태어난 영아를 살해했다는 보고도 있다. 사법부의 독립이 보장되지 않으며 공정한 재판을 기대할 수 없다. 언론·출판·집회·결사의 자유가 인정되지 않으며 정부는 모든 정보를 통제하려 하고 있다. 정부는 종교 및 거주이전의 자유와 노동자의 권리를 제한하고 있다. 북한으로 송환된 일단의 탈북자들에 대한 가혹한 처벌 사례가 꾸준히 보고되고 있다. 중국 국경을 넘는 탈북자와 노동자들 사이에서 여성과 여아들을 대상으로 한 인신매매 사례가 광범위하게 보고되고 있다.22)

---

21) 우정, 『북한사회구성론』(서울: 진솔북스, 2000), p.26.

22) http://www.state.gov/g/drl/rls/hrrpt/2006/78777.htm(검색

북한의 인권상황을 동포애적 입장에서 참혹한 심정을 가누기 어렵다. 북한 정권이 국가의 가장 본원적인 기초요소인 인민에 대해 조직적으로 인권유린를 자행하는 것은 그만큼 반역사적 · 반인륜적 정권임을 증거해주는 것이라고 할 수 있다. 북한의 인권유린의 가장 대표적인 증거물은 정치범 수용소에 관한 연속적인 증언들이다.[23] 현재 북한에서는 약 15만 명 내지 20만 명의 북한 주민이

일: 2008년 1월 2일). "The government's human rights record remained poor, and the regime continued to commit numerous serious abuses. The regime subjected citizens to rigid controls over many aspects of their lives. Citizens did not have the right to change their government. There continued to be reports of extrajudicial killings, disappearances, and arbitrary detention, including of political prisoners. Prison conditions were harsh and life-threatening, and torture reportedly was common. Pregnant female prisoners reportedly underwent forced abortions, and in other cases babies reportedly were killed upon birth in prisons. The judiciary was not independent and did not provide fair trials. Citizens were denied freedom of speech, the press, assembly, and association, and the government attempted to control all information. The government restricted freedom of religion, citizens' movement, and worker rights. There continued to be reports of severe punishment of some repatriated refugees. There were widespread reports of trafficking in women and girls among refugees and workers crossing the border into China."

23) 북한의 강제수용소인 정치범수용소에 대한 증언록으로서는 요덕수용소를 증언한 강철환의 『수용소의 노래(개정판)』(서울: 시대정신, 2005)와 개천 14호 정치범관리소를 증언한 신동혁의 『세상 밖으로 나오다 : 북한 정치범수용소 완전통제구역』(서울: 북한인권정보센터, 2007)을 들 수 있다. 그리고 북한의 정치범수용소 문제를 다룬 가장 대표적인 외국의 책으로는 David Hawk, *The Hidden Gulag*(Washington D.C.: U.S. Committee for Human Rights in North Korea. 2003)이 있다.

정치적 이유 등으로 인하여 오지의 수용소에 구금되어 있는 것으로 추정된다.[24] 이처럼 자신의 국민인 인민의 인권을 유린하고 무자비한 탄압을 자행하고 있는 북한 정권의 실체에 대해서는 아는지 모르는지 오직 "화해와 협력"이라는 정책기조만을 가지고 북한 정권에 대해 미사여구만 늘어놓는 행태는 국가의 최고지도자로서 결코 해서는 안 된다고 하겠다.

북한핵문제에 대한 노무현 정권과 노무현 개인의 일련의 발언은 도저히 이해하기 힘든 언행이라고 아니할 수 없다. 북한핵문제에 대해 노무현 전대통령은 2004년 11월 13일 미국 로스엔젤레스의 국제문제협의회(WAC) 초청오찬에서 극명히 드러나고 있다. 그는 이 자리에서 "북한은 핵과 미사일을 외부의 위협에서 자신을 지키기 위한 억제수단이라고 주장하고 있다"며 "일반적으로 북한의 말을 믿기 어렵지만 이 문제에 관해서는 북한의 주장에 일리 있는 측면이 있다고 본다"라고[25] 말하여 큰 파문을 일으킨 바 있다. 북한에 대한 낙관적이고 비현실적인 발언은 2006년 10월 북한이 전세계의 경고와 우려에도 불구하고 시행한 핵실험 강행 후 더욱 두드러지게 나타나고 있다. 인민의 인권을 유린하고 자신의 의사

24) http://www.state.gov/g/drl/rls/hrrpt/2006/78777.htm(검색일: 2008년 1월 2일). "An estimated 150,000 to 200,000 persons were believed to be held in detention camps in remote areas."

25) 『중앙일보』, 2004년 11월 15일자(A1면). 이러한 노무현의 발언에 대해 당시 미국무부는 "미국은 북한의 핵무기가 동맹과 우방국들에 대한 위협이라고 믿는다"는 공식입장을 밝힌 바 있다. 『조선일보』, 2004년 11월 18일자(A1면). 그리고 해럴드 경제신문의 사설에서는 "많은 국민들은 대통령 발언이 진중하기를 바란다. 국가수반으로서 믿음과 희망을 주기 바란다"면서(『해럴드경제』, 2004년 11월 18일자 사설 '조마조마한 대통령의 말' 중) 노무현의 발언을 비판하고 있다.

에 반하는 정치세력과 인민들을 정치범으로 간주하여 산간오지에 수용하여 온갖 억압과 탄압을 일삼는 북한 정권이 비밀리에 개발하여 실험까지 한 상황이라면 북한 정권이 북핵으로써 의도하고 있는 바가 무엇인지를 삼척동자도 다 알 것이다.

북한 정권이 민주적 국가라고 한다면 핵이 설사 있다고 하더라도 지금처럼 전세계의 우려를 자아내지는 않았을 것이다. 남조선 혁명전략을 포기했다는 아무런 증거도 없고 인민의 인권을 국가적 차원에서 억압하고 있는 김정일 정권은 자신이 개발한 핵에 대한 민주적 통제(democratic control)를 할 수 있는 아무런 근거가 없다. 이러한 북한 정권의 핵실험에 대해 국가의 최고지도자로서는 도저히 이해하기 힘든 발언을 하고 있는 것이다. 노무현 전대통령은 북한이 핵무기를 발사한 직후 열린 KOTRA의 '외국인 투자유치 보고회'에서 "북핵문제에 있어서 가장 중요한 것은 과장하지 말아야 한다는 것"이라며 "북한이 일방적으로 도발할 수 있을 만큼 현재로서 군사적 균형이 깨어지지 않았다"고 말했다.[26] 핵무기와 같은 대량살상무기가 지니고 있는 심각성을 제대로 파악하지 못한 너무나 무책임하고 비현실적인 발언이라고 아니할 수 없다.[27]

또한 노무현 전대통령은 2006년 12월 7일 호주의 시드니 동포간담회에서도 이와 유사한 발언을 하였는데, 그는 "북한에 핵무기가 있다 할지라도 한국의 군사력은 충분히 균형을 이루고 있으며 우월적 균형을 이루고 있다고 말할 수 있다"면서 "북한은 한국과

26) 『동아일보』, 2006년 11월 3일자(A35면).

27) 북한핵이 지니는 안보상의 심각성에 대해서는 김태우, 『북한핵실험과 한국의 안보과제』(한반도전략연구원 주최 제2회 전문가좌담회 발표자료집, 2007년 1월 26일), pp.15-16 참조.

전쟁을 붙어 이길 수 없다. 설사 핵무기를 가지고 있다 하더라도 치명적인 상처를 입힐 수 있을지 모르지만 이기지는 못한다"고 강조하였다.[28] 이정도면 최고통수권자로서의 최소한의 군사적 지식마저도 결여되어있다고 혹평하지 않을 수 없다. 민족의 사활이 걸려있는 북핵문제가 지니고 있는 기본 성격에[29] 대한 이해는 고사하고 이에 대한 대처 역시 너무 안이하다고 아니할 수 없는 것이다.

(2) 대북 동조론적 양태

북한 정권은 예전부터 협상하기가 매우 까다로운 존재로 정평이 나있다. 우리의 대북정책의 기본목표는 북한 정권을 개혁·개방체제로 전환하여 한반도의 평화체제 구축을 위한 신뢰의 조성이라고 할 수 있다. 이런 점에서 노무현 정권이 북한을 하나의 정치적 실체로 인정하고 끊임없이 대화와 협력을 모토로 하여 접근하였다고 할 수 있다. 그러나 북한은 『국방백서 2006』에서도 명확히 인정하고 있는 바와 같이 "북한군의 군사전략은 한반도 전장 여건을 감안하여 초기 기습공격과 정규·비정규전의 배합전으로 전쟁의 주도권을 장악하고, 강력한 화력과 기계화·자주화 기동부대로 전과확대를 달성하여 미 증원군 도착 이전에 전쟁을 종결하는 단기속전속결전략을 기본으로 하고 있다. 이를 위해 주요 전력을 평양-원산선 이남지역에 집중 배치하고 있다"는[30] 사실이 명백하다.

이뿐만 아니라 북한은 핵을 개발하고 중장거리미사일을 개발하여 실전에 배치하였고 뿐만 아니라 화생무기를 적어도 2,500-5,000

---

28) 『중앙일보』, 2006년 12월 8일자(5면).

29) 북한핵이 지니고 있는 기본 성격에 대해서는 정경환, "북한 핵실험의 기본성격과 우리의 대응," 『통일전략』, 제6권 제2호(한국통일전략학회, 2006), pp.11-30 참조.

30) 국방부, 앞의 책, pp.17-18.

톤을 보유하고 있는[31] 군사적으로 매우 위험한 존재라고 할 수 있다. 그리고 북한체제는 전세계적인 규모로 진행되고 있는 민주주의와 자유라고 하는 인류역사의 발전방향을 근본적으로 부인하고 있는 전제적 봉건왕조 이외에는 아무 것도 아니다.[32]

이러한 위협적이면서 시대착오적인 북한체제에 대해 민주주의를 위한 위대한 저항의 역사를 한국현대정치사에 기록하고 있는 우리들은 북한체제를 민주화하는데 모든 전력을 기울여야 한다. 남북한간의 화해와 협력이라는 미명하에 독재체제의 존속 속에서 남북평화체제를 기도하는 것은 너무나 비현실적이고 공허한 정책지향이라고 할 수 있다. 우리가 독재정권으로부터 형언하기 어려운 고통을 당하고 있을 때 우리는 침묵을 지켰는가? 4·19민주혁명, 부마민주항쟁, 광주민중항쟁 및 6·10민주항쟁에서 보는 바와 같이 우리는 독재정권에 맞서서 민주주의를 쟁취하였고, 우리가 민주화를 이루는 데에는 세계의 관심과 성원 역시 무시할 수 없었던 후원자였고 조력자였다.

북한의 김정일 정권이 독재정권이라는 사실에 대해서는 전세계가 다 아는 일인데, 이에 비판하기는커녕 남북화해라는 미명으로 침묵하고 김정일 정권을 오히려 두둔하는 발언을 노무현 전대통령과 노무현 정권 하에서의 관계자들이 지속적으로 행하고 있는 것은 도저

31) 위의 책, pp.23-25 참조.

32) 이에 대해 황장엽 전 조선노동당 국제비서는 "북한은 사회주의와 아무런 공통성이 없다. 굶어 죽는 사회주의가 어떻게 참된 사회주의 사회로 될 수 있겠는가? 눈으로 볼 권리, 귀로 들을 권리, 입으로 말할 권리 등 온갖 권리를 다 빼앗는 사회가 어떻게 사회주의 사회로 될 수 있겠는가?"라면서(황장엽, 『개인의 생명보다 귀중한 민족의 생명』, 서울: 시대정신, 1999, p.31) 북한은 전통적인 사회주의 노선에서도 벗어나 있다고 주장하고 있다.

히 묵과할 수 없는 반역사적, 반민족적 행위로 규탄하지 않을 수 없는 것이다. 굶고 있는 북한인민에 대해 우리의 동포애적인 연민의 차원에서 도와주자는 데에 반대할 사람은 아무도 없다. 만약 그러한 사람이 있다면 그는 민족도, 동포도 필요 없는 냉혈한이외에 아무 것도 아니다. 문제는 북한을 바라 볼 때 순수히 동포애적 측면에서만 보지 말라는 것이다.

북한 김정일 정권이 우리가 도와준다고 해서 옷을 벗을 그렇게 만만한 존재가 아님을 명심해야 한다. 김대중 정권부터 노무현 정권까지 대북 유화정책을 지속적으로 폈지만 우리에게 남겨진 정책의 결과물은 무엇인가? 북한이 우리가 보낸 지난 10년간의 천문학적인 지원에[33] 감동하여 북한은 상응한 변화를 모색하고 있는가? 교류협력을 증대한다고 해서 인민을 억압하고 남조선혁명전략을 가지고 있는 북한체제가 근본적으로 변할 것이라는 천진무구한 생각을 버려야 한다. 대만이 중국에 대해 지속적으로 투자하고 인적·물적 교류를 하고 있는데도 중국 공산당 정권이 대만에 대한 무력통일 노선을 포기하였는가?

노무현 정권의 반역사적인 대북동조론은 NLL논쟁에서 확연히 드러나고 있다. NLL(북방한계선, Northern Limit Line)은 정전협정의 안정적 관리를 위해 설정된 선으로서 현재까지 우리가 실효적으로 관할해왔고 실질적으로 해상 분계선의 효력과 기능을 해왔기 때문에 실질적인 해상경계선이라고 할 수 있다.[34] 북방한계선

33) 김대중·노무현 양정권의 북한 지원액에 대해서는 논란이 있어나 6조여원이(한나라당의 잠정 추계기준) 되는 것으로 추정되고 있다. 『동아일보』, 2008년 1월 2일자(A5면).

34) 국방부, 『북방한계선에 대한 우리의 입장』(서울: 국방부, 2002), p.7.

은 정전협정을 위한 남북한 협상과정에서 그어진 해상경계선으로 영토적 개념을 가진 경계선이다. 이런 점에서 NLL은 역사적 타당성과 현실적 타당성 및 국제법적 타당성을[35] 아울러 가지고 있는 해상 군사경계선이라고 할 수 있다.

이러한 분명한 역사성과 타당성을 지니고 있는 NLL에 대해 국가의 영토를 보전해야 할 책무를 지니고 있는 노무현 전대통령은 도저히 있을 수 없는 전대미문의 발언을 하여 국민적 비판을 받은 바 있다. NLL에 대한 노무현 전대통령의 발언은 2007년 10월 11일 청와대에서 열린 '여야 정당 대표와 원내대표 초청 오찬 간담회'에서 전격적으로 이루어졌는데, 그는 이 자리에서 "NLL은 처음에는 우리 군(해군)의 작전금지선이었다"며 "이것을 오늘에 와서 영토선이라고 얘기하는 사람도 있는데 이는 국민을 오도하는 것"이라고 말했다. 그는 "휴전선은 쌍방이 합의한 선인 반면 NLL은 쌍방 합의 없이 일방적으로 그은 선"이라며 "이 문제는 남북기본합의서에 근거하여 대응해 나간다는 것이 우리 기본 방침"이라고 말했다.[36]

그는 이어 열린 출입기자들과의 간담회에서도 "NLL에 관해 많은 이야기가 있는데 우리 헌법상 북쪽 땅도 우리 영토"라며 "그 영토안에 줄을 그어 놓고 이것을 영토선이라 주장하고 영토 주권지키라하고 이야기하면 정말 헷갈리게 된다"고 말했다.[37] 이러한 노무현 전대통령의 발언이 보도되자 군관계자와 양식 있는 국민들은 경악하였다. 국방부와 유엔군사령부가 반세기 넘게 실질적 해상경계선으로 지켜온 NLL의 영토 안보적 가치를 군최고통수권자가 폄훼하고

35) 이에 대해서는 국방부, 『서해 해상경계선 관련 북한주장의 부당성 및 우리의 입장』(서울: 국방부, 1999), pp.19-21 참조.

36) 『동아일보』, 2007년 10월 12일자(A1면).

37) 위의 신문, 2007년 10월 12일자(A1면).

있다는 비판이 나오기에 이르렀다.[38] 뿐만 아니라 당시의 보수 진보 가릴 것 없이 거의 모든 사설에서 이 발언에 대해 비판적 논조가 주류를 이루었다.[39]

노무현 전대통령의 이러한 NLL 발언은 도저히 묵과하기 어려운 반역사적인 발언이자 대한민국의 최고통치권자로서는 도저히 있을 수 없는 대북동조발언으로 엄중히 그 책임을 묻지 않을 수 없다. 노 전대통령은 NLL은 남북이 합의 없이 일방적으로 그은 선이라고 사실과 완전히 다른 주장으로 국민을 오도하고 있다. NLL은 정전협정 제2조 13항 (ㄴ)목에[40] 분명히 명시되어 있는 바와 같이

38) 위의 신문, 2007년 10월 12일자(A2면).

39) 대표적인 경우를 들면 보수신문의 경우, "노무현 대통령의 NLL망언," 『문화일보』, 2007년 10월 12일자(35면); "대통령이 NLL은 영토선이 아니라니," 『조선일보』, 2007년 10월 12일자(A39면); "NLL 국방부 입장 내치고 좌파 따라 하는 대통령," 『조선일보』, 2007년 10월 13일자(A35면); "영토를 허물지 못해 안달 난 노대통령," 『중앙일보』, 2007년 10월 12일자(34면) 등을 들 수 있다. 진보신문의 경우, "노대통령 NLL 발언 신중하지 못했다," 『서울신문』, 2007년 10월 13일자(31면); "혼란만 부추긴 NLL과 영토선 논쟁," 『한국일보』, 2007년 10월 13일자(31면) 등을 들 수 있다.

40) 정전협정 제2조 13항 (ㄴ)목의 내용은 다음과 같다. "본 정전협정이 효력을 발생한 후 십(10)일 이내에 상대방의 한국에 있어서의 후방과 연해섬들 및 해면으로부터 그들의 모든 군사력량, 보급물자 및 장비를 철거한다. 만일 철거를 연기할 쌍방이 동의한 리유없이 또 철거를 연기할 유효한 리유없이 기한이 넘어도 이러한 군사력량을 철거하지 않을 때에는 상대방은 치안을 유지하기 위하여 그가 필요하다고 인정하는 어떠한 행동이라도 취할 권리를 가진다. 상기한 "연해섬"이라는 용어는 본 정전협정이 효력을 발생할 때에 비록 일방이 점령하고 있더라도 1950년 6월 24일에 상대방이 통제하고 있던 섬들을 말하는 것이다. 단 황해도와 경기도의 도계선 북쪽과 서쪽에 있는 모든 섬 중에서 백령도(북위 37도58분, 동경 124도40분), 대청도(북위

UN군과 북한군이 분명히 합의한 해상경계선이다. 만약 북한이 합의하지 않았다면 어떻게 "서해 5도가 UN군총사령관의 군사통제하에 남겨둔다"는 조항이 어떻게 정전협정에 명기될 수 있겠는가?

노 전대통령은 이에 그치지 않고 2007년 11월 1일 열린 제51차 민주평화통일자문회의 상임위원회에서 NLL에 대한 자신의 견해를 노골적으로 드러내었다. 그는 "그림까지 딱 넣고 합의 도장을 찍어버려야 하는데 조금 더 북쪽으로 밀어붙이자. 남쪽으로 내려오지 옥신각신하고 있다"면서 "실질적으로는 거의 아무런 이해관계가 없는 문제를 놓고 괜히 어릴 적 땅 따먹기할 때 땅에 줄 그어 놓고니 땅 내 땅 그러는 것과 같다"고 말했다.[41] 이 대목에 이르러서는 정말 어이가 없어 입을 다물게 할 정도이다. 만약 NLL을 북한과의 협상에서 북한에 돌려 준다면 인천을 비롯한 수도권이 군사안보적으로 매우 치명적인 위협에 빠지게 될 것은 불문가지의 일이다. 작년 10월 정상회담에서 직항로 개설과 개방에 합의한 해주항은 북한해군의 전진기지로 어뢰정과 유도탄 등 수십척의 소형 함정을 비롯해 북한 서해함대사령부 전력의 60% 가량이 배치되어 있다.[42] 이러한 엄연한 군사적 위협이 도사리고 있는 서해안에서 우리의 안보의 제일선을 담당하고 있는 NLL의 변경문제에 대해 마치 "장난하

37도50분, 동경124도42분), 소청도(북위37도46분,동경124도46분), 연평도(북위 37도38분, 동경125도40분) 및 우도(북위37도36분, 동경125도58분)의 도서군들을 국제련합군 총사령관의 군사통제하에 남겨 두는 것을 제외한 기타 모든 섬들은 조선인민군 최고사령관과 중국인민지원군 사령원의 군사통제하에 둔다. 한국서 해안에 있어서 상기 경계선 이남에 있는 모든 섬들은 국제 련합군 총사령관의 군사통제하에 남겨 둔다." 평화기획연구실(편), 『한반도평화체제: 자료와 해제』(서울: 통일연구원, 2007), pp.93-94 참조.

41) 『조선일보』, 2007년 11월 2일자(A2면).

42) 『동아일보』, 2007년 10월 6일자(A5면).

듯이" 언급하는 노 전대통령의 안보관에 대해 심히 비판하지 않을 수 없다.[43]

노 전대통령의 도저히 이해하기 어려운 발언에 더해 노무현 정권의 안보 담당자 역시 대북동조적 발언을 연속적으로 쏟아낸 바 있다. 대표적인 경우가 이재정 전통일부장관을 지적할 수 있다. 이미 인사청문회 과정에서도 큰 문제가 되어 논란이 된 바 있던[44] 이 전장관은 2007년 1월 2일 발표한 '신년사'에서 "북의 빈곤에 대해 3,000억 달러 수출국으로, 세계경제 10위권 국가로서 또 같은 민족으로서 책임을 감수해야 한다"고 말했다. 이어 이 전장관은 기자간담회에서 "북한이 가난해서 핵실험을 한 것이냐"는 질문에 대해 "빈곤도 북한이 핵실험을 한 배경"이라고 했다.[45] 이러한 이 전장관의 발언은 북한의 핵에 대한 기본속성을 완전히 왜곡하고 있다고 할 수 있다. 또한 그는 2007년 4월 25일에 대한상공회의소 초청강연회에서 "북에 대해 많이 주지도 못하면서 퍼준다고 얘기하면 받는 사람 기분은 이루 말할 수 없다"며 오히려 북한입장을 두둔하는 듯한 발언을 해[46] 큰 논란이 된 적이 있다.

---

43) 노 전대통령의 이같은 NLL발언에 대해 당시 정부내 이견이 가중되었는데, 김장수 당시 국방부장관은 10월 14일 "장관직을 걸고 NLL을 지키겠다"고 말한 바 있고(『중앙일보』, 2007년 10월 15일자, 1면) 송민순 당시 외교통상부 장관 역시 10월 13일 "NLL은 지난 50년간 남북간 엄연한 경계선"이라고(『조선일보』, 2007년 10월 15일자, A6면) 하여 노 전대통령과는 확연한 선을 그었다.

44) 6·25전쟁의 성격을 묻는 야당 의원의 질문에 대해 당시 이재정 전장관은 "제가 여기서 규정해서 말하는 것은 적절치 않다"라고 답변하여 큰 논란을 불러일으킨 바 있다. 『문화일보』, 2006년 11월 18일자(1면).

45) 『조선일보』, 2007년 1월 2일자(A1면).

46) 『문화일보』, 2007년 4월 25일자(4면).

노무현 정권에서의 대북유화적 발언을 넘어 북한의 입장을 마치 "대변"하는 것과 같은 대북동조발언은 이외에도 수없이 많다. 노 전대통령은 2006년 12월 7일 시드니 방문 중 현지의 동포 간담회에서 "우리가 전쟁을 해서 지는 일은 없으며 점령당할 일은 더더욱 없다"면서 "이길 수도 없고 점령도 못하고 지배도 못하는 전쟁을 북한이 왜 일으키겠느냐"고[47] 하여 논란을 일으켰다. 물론 그 의미는 다양한 차원에서 해석될 수 있으나 노 전대통령은 2007년 3월 26일 사우디아라비아에서 열린 동포간담회에서 "(북한에) 별로 퍼준 것도 없는데 … 미래를 위한 투자라고 생각하는데, 너 친북정권이냐(는 말을 들었다)"면서 "세상에 대한민국에 친북정권이 어디 있을 수 있느냐. 앞으로 대한민국이 살자면 친북해야 한다. 친미도 하고 친북도 해야 한다"고 말했다. 또한 노 전대통령은 "북한을 원수로 만들어 놓고 그 우환을 언제까지 감당하려고 하느냐"고 말한 바 있다.[48]

(3) 오도된 국제관

'관'(觀)이란 세상을 보는 눈이자 창이다. 관의 종합적인 표현체가 인식(認識)이다. 그러므로 관은 모든 대상이나 문제를 분석하고 해결하는 데 출발선이다. 국제관계에 있어서 국제관은 그 어떤 요인보다도 중요한 해결의 출발점이자 분석의 단위이다. 국제관이 잘못되어 있으면 국제관계의 역학관계에서 도출되는 제반 현안들에 대한 올바른 대책을 만들어 낼 수 가 없고 표류하거나 충돌하기 마련이다.

노무현 정권의 국제관은 대외적인 '자주'노선을 기초로 하고 있다. 이러한 노무현 정권의 자주노선은 현실에서 한미동맹관계의 균열과 동북아균형자론으로 표출되었다. 노무현 정권이 한국을 중심으로 하는

47) 『문화일보』, 2006년 12월 11일자(2면).
48) 『조선일보』, 2007년 3월 27일자(A6면).

동북아시대를 열겠다는 야심찬 계획은 우리 민족 구성원의 입장에서 볼 때 매우 야심만만하고 민족주의적 발상의 일환으로 판단이 된다. 대륙세력과 해양세력의 틈바구니에 끼여서 유사이래 주변열강들로 부터 상상하기 어려운 숱한 외침을 당해온 우리 민족의 입장에서 동북아중심국가론이나 동북아균형자론은 명분이 있고 민족의 가슴을 후련하게 해주는 포부있는 주장이라고 평가할 수 있다.

노무현 전대통령은 취임사에서 이미 한국을 중심으로 하는 동북아시대를 열겠다는 포부를 밝히고 있다. 그는 "이제 우리의 미래는 한반도에 갇혀 있을 수 없습니다. 우리 앞에는 동북아 시대가 도래하고 있습니다. … 우리 한반도는 동북아의 중심에 자리잡고 있습니다. 한반도는 중국과 일본, 대륙과 해양을 연결하는 다리입니다. 이런 지정학적 위치가 지난날에는 우리에게 고통을 주었습니다. 그러나 오늘날에는 오히려 기회를 주고 있습니다. 21세기 동북아 시대의 중심적 역할을 우리에게 요구하고 있는 것입니다"라고[49] 하여 동북아중심국가론을 설파하고 있다. 이러한 노무현 정권의 동북아중심국가론은 조금씩 변화하여 2005년에 이르러서는 동북아 균형자론으로 이어지게 되었다.[50] 노무현 정권의 동북아구상은 대통령직속 자문기관으로 '동북아시대위원회'를 창출하였고, 동북아시대위원회는 노무현 정권의 동북아외교론을 '평화와 번영의 동북아시대'라는 국정목표를 구현을 위한 총체적 인식체계 및 종합적 정책체계로서 '동북아시대 구상'을 정립하기에 이르렀다.[51]

---

49) 『동아일보』, 2003년 2월 26일자(1면).

50) 노무현 정권의 동북아균형자론은 2005년 2월 25일 취임 2주년 국정연설에서 처음 나타났는데, 이 자리에서 노 전대통령은 "우리 군대는 스스로 작전권을 가진 자주군대로서, 동북아 균형자로서 평화를 굳건히 지켜낼 것"이라고 공언한 바 있다. 『동아일보』, 2005년 4월 29일자(A4면).

이러한 노무현 정권의 동북아시대구상은 자주국방노선의 분출물이라고 할 수 있다. 노무현 전대통령은 2003년 광복절 기념사에서 자주국방을 언급하였고, 또한 2003년 국군의 날 치사에서 다시 한번 이를 강조하였음은 물론, 이후 국방에 관한 언급이 있을 경우, 지속적으로 자주국방이라는 용어를 사용하였다.[52] 또한 참여정부는 한반도의 평화와 안정의 기반이 되는 확고한 안보태세의 확립을 위해 한·미동맹과 자주국방의 병행 발전을 추구하는 협력적 자주국방을 추진하였다.[53]

노 정권의 동북아구상은 매우 일리가 있는 것처럼 보이고, 늘 약소국으로서 외침을 당해온 우리의 입장에서 보면 "속 시원한" 구상이라고 할 수 있다. 그런데 이러한 노무현 정권의 국제관이 옳은 방향인가라는 의문에 냉정한 판단을 내리지 않을 수 없다. 지금 우리의 국력과 처지로 동북아에서 중심국가 내지 균형자국가로서의 역할과 기능을 할 수 있는가? 여전히 냉전구도에서 벗어나지 못하고 있는 작금의 동북아안보상황에서 우리가 주도해서 동북아시대를 이끌어나갈 수 있는 실력과 역량을 갖추고 있는가? 우리가 중심국가라고 한다면 중국이나 일본과 같은 국가는 변방국가란 말인가? 노무현 정권이 동북아시대를 열겠다고 제시한 동북아중심국가론이나 동북아경제중심론이나 동북아균형자론같은 주장은 꿈과 현실사이에서 떠도는 일종의 신기루에 불과한 것이다.

51) 대통령지문동북아시대위원회, 앞의 책, 참조.

52) 노훈, "자주국방을 위한 전력개선방향," 『군사논단』, 통권 제37호 (한국군사학회, 2004), p..25.

53) 국가안정보장회의, 앞의 책, p.27. 이는 동맹을 발전시키고 대외 안보협력을 능동적으로 활용하면서 북한의 전쟁 도발을 억제하고, 도발시 이를 격퇴하는 데에 우리가 주도적인 역할을 수행할 수 있는 능력과 체제를 구비한다는 것이다. 위의 책, p.27.

국제관계는 냉철한 현실인식을 가지고 접근할 때만이 오류나 실수를 미연에 방지할 수 있다. 이상만 가지고 그냥 "떠든다고" 해서 가슴 깊이 잠재되어 있는 꿈이 실현되는 것은 아니다. 노 정권이 동북아균형자론을 제기하여 국내외적으로 큰 논란을 야기할 때 국가안보회의(NSC)의 이종석 사무차장은 2005년 4월 12일 "한국의 동북아 균형자 역할은 한·미동맹을 축으로 추진될 것"이라고[54] 강변한 적이 있다. 동북아균형자론에 의거하여 균형자역할을 하는데 어떻게 한미동맹체제가 그대로 유지될 수 있겠는가? 균형자 역할을 한다면서 한미동맹만 유지한다면 중국과 일본과의 관계는 어떻게 설할 것인가? 도저히 앞뒤 말이 되지 않는 구상이고 발언이라고 비판하지 않을 수 없다.

노 전대통령의 2005년 3월 22일 육군3사관학교 졸업식에서 행한 발언에 대해[55] 정부고위관계자는 배경설명을 통해 "한국이 한·미·일 남방(南方) 3각 동맹의 한 축을 담당했던 동북아시아 질서는 냉전시대 만들어졌던 것"이라면서 "우리가 언제까지 그 틀에 갇혀 있을 수는 없는 것 아니냐"고 말했다.[56] 이 대목에 이르러서는 노 정권의 동북아균형자론은 완전히 왜곡되고 오도된 국제관에 의한 결과물임을 확인할 수 있는 것이다. 북한의 위협이 엄연히 상존하고 있고, 중국이 공산당 일당독재체제를 형성하면서 북한의 유일무이한 후원자역할을 하고 있는 냉엄한 현실을 제대로 파악하지 못하고 왜곡된 국제관으로

---

54) 『중앙일보』, 2005년 4월 14일자(1면).

55) 당시 노 전대통령은 이 자리에서 "앞으로 우리가 어떤 선택을 하느냐에 따라 동북아의 세력판도는 변화할 것"이라고 말했다. 또 그는 "이제 우리 한반도뿐 아니라 동북아의 평화와 번영을 위한 균형자 역할을 해나갈 것"이라면서 "따질 것은 따지고 협력할 것은 협력하면서 주권국가로서의 당연한 권한과 책임을 다해 나가고자 한다"고 말했다. 『조선일보』, 2005년 3월 23일자(A1면).

56) 위의 신문, 2005년 3월 23일자(A1면).

동북아균형자론이니 동북아시대니 하면서 우리에 대한 견제와 우려만을 키운 노 정권은 동북아외교정책은 너무나 비현실적이고 유치한 발상이라고 아니할 수 없다.

Ⅲ. 노무현 정권 대북정책의 문제점

지금까지 노무현 전임대통령과 노무현 정권의 대북정책과 대북인식을 비판적 입장에서 논의를 전개하였다. 필자는 노무현 정권에 대한 사사로운 감정을 가지고 비판한 것이 아니라 여전히 분단체제에서 생존을 영위하고 있는 민족의 일원으로서, 남북한관계가 진정한 화해와 협력의 단계로 발돋움하여 한반도평화체제가 이루어져야 한다는 통일문제를 전공하는 학자로서의 사명감으로써, 나아가 김정일이라는 전대미문의 전제적 독재자와 대적하고 있는 조국 대한민국의 엄중한 현실에서 어떻게 하면 김정일 정권과 유혈참사 없이 무혈통일을 이룰 것인가라는 의문에 대한 대안을 모색하고 있는 학자의 일원으로서 되도록이면 공정하고 객관적으로 비판을 하였다고 생각한다.

노무현 정권의 대북정책의 문제점을 제기하는 데 있어서도 필자는 이러한 원칙을 견지하면서 논의를 전개할 것이다.

1. 대북 포용일변도의 정책만을 집착

노무현 정권의 대북정책을 구체적으로 살펴보면 지나치게 북한과 김정일에 대한 낙관적 사고에 입각하여, 우리가 포용정책을 지속적으로 펴면 북한이 여기에 응대하여 남북화해의 분위기가 조성될 것이라

는 환상을 가지고 있다는 사실을 알 수 있다. 노무현 정권의 대북 정책 담당자들은 노무현 시대를 스스로 "평화를 향한 질주"의 시대로 착각하고 있다.[57] 노무현 정권의 대북정책의 입안자로서, 정책시행자로서의 통일부는 위의 책자에서 노무현 대북정책의 성과로 크게 세 가지를 지적하고 있는데, 첫째, 북핵문제 해결을 위한 적극적 중재자로 2.13 합의를 이끌어 냈으며 남북간 군사적 긴장을 완화시켰다는 것이고, 둘째, 땅길, 바다길, 하늘 길을 통해 수많은 사람과 물자가 남북을 오갔다는 것이고, 셋째, 1만 명을 돌파한 이산가족 상봉 실현은 물론 국군포로·납북자 문제의 실질적 해결을 위해 전후 납북피해자지원법제정을 추진했다는 것이다.[58]

과연 이러한 노무현 정권의 대북정책의 자화자찬이 옳고 정당한 평가인가? 심지어 노무현 정권 하의 통일부 관계자들은 "예전에는 상상도 하지 못했던 남북관계의 급속한 변화들이 현실로 다가오고 있다"고[59]까지 주장하고 있다. 북한에 대한 잘못된 인식으로 대북 포용정책만을 고수하다가 북한에 천문학적인 자금을 매년 제공한 전과에 대해서는 일말의 반성이나 사과도 없이 오직 자신들이 한 행위가 정당하다고만 강변하고 있으니 개탄스럽다는 심정의 일단을 표하지 않을 수 없는 것이다. 대북 포용정책이 성공을 거두기 위해서는 북한의 김정일 정권의 속성이 근본적으로 변화해야 한다. 현상적이고 표피적인 변화는 남북한관계에서 추구하는 진정한 '변화'라고 할 수 없다.

남북한관계에서 사용할 수 있는 '변화'란 노무현 정권의 대북정책

57) 이러한 판단은 노무현 정권의 대북 정책 담당자인 통일부가 2007년에 내놓은 대북정책 성과책자에서 확연히 드러난다. 통일부, 『평화를 향한 질주 4년 : 숫자로 보는 대북정책 성적표-참여정부 4년 대북정책 성과』(서울: 통일부, 2007) 참조.

58) 위의 책, p.3.

59) 위의 책, p.3.

담당자들이 사용하고 있는 그러한 변화를 말하는 것이 아니다. 기본적인 용어에 대한 개념과 이해 없이 이루어진 대북 포용정책은 단순히 숫자놀음에만 만족해하는 정권추수분자들의 결과물로 전락해버리고 말았다는 느낌을 지울 수 없다. 대북 포용정책만을 마치 전가의 보도처럼 휘둔 노 정권의 대북정책은 북한체제의 견고성과 미사일발사, 핵무기 실험으로 그 허구성이 완전히 표출되었다.

그럼에도 아무런 반성이 없이 갖은 숫자놀음으로 국민의 눈을 속이는 작태는 비판받아 마땅하다고 하겠다. 햇볕정책과 평화번영정책의 결과가 과연 얼마만큼 남북한관계를 개선발전시켰는가? 또한 일방적인 대북 포용정책이 북한의 김정일 정권을 근본에서 변화시켰는가? 근본적인 변화는 아니더라도 개선할 기미는 보이고 있는가? 이러한 모든 질문에 대북 포용정책은 아무런 효과도 거두지 못한 채 오히려 북한의 전제적 독재체제를 강화시키고 우리 정부가 준 현금으로 핵개발을 했다는 의심까지 받고 있는 상황에서 과연 대북 포용론자들은 어떤 말로써 변명할 것인가라고 엄중히 묻지 않을 수 없다. 이런 점에서 노 전대통령이 2006년 5월 9일 몽골을 방문 중에 "저는 북한에 대해 완전히 열어 놓고 있다. … 많은 양보를 하려고 한다. … 제도적, 물질적 지원 이런 것은 조건 없이 하려고 한다"라고[60] 언급한 것 역시 같은 맥락에서 이루어진 것이다.

남북한관계 혹은 통일문제에서 사용하는 '북한의 변화'란 하늘길·땅길·바닷길이 연결되는[61] 겉으로의 변화를 뜻하는 것이 아니다. 변화의 개념은 대상의 속성이 바뀌는 것을 의미한다. 통일에 도움이 되

---

60) 『문화일보』, 2006년 5월 10일자(6면). '노대통령 몽골 발언 전문' 중.

61) 통일부, 『대한민국의 평화와 번영, 국민과 함께 지키겠습니다:북한 핵실험 이후 대북정책 설명자료』, p.2.

는 북한의 변화란 과연 무엇을 말하는가? 그것은 체제강화를 위한 위선적 변화를 의미하는 것이 아니라 바로 체제 내부의 전제적 성격에서의 이탈적 의미에서의 변화를 의미하는 것이다.[62] 이를 좀 더 구체적으로 설명하면 북한이 진정으로 변화했다고 말할 수 있는 것은 첫째, 한국에 대한 적대적 행위에서 벗어나는 때를 의미하는 것이고, 둘째는 북한이 남북한관계를 혁명의 차원이 아니라 공존의 차원에서 인식할 때이며, 셋째는 인류의 피할 수 없는 보편적 가치인 개혁과 개방을 실천할 때를 의미한다.[63]

북한체제의 본질이 변하지 않고서는 북한이 변했다, 남북한관계가 급속도로 진전되었다고 말하는 것은 국민을 오도하는 행태로 비판하지 않을 수 없는 것이다. 북한의 김정일 정권처럼 인민의 인권을 유린하는 병영적 전제정권에 대해서는 포용정책이 화해를 도모할 수 있는 환상에서 벗어나 보다 북한의 변화를 이끌 수 있는 다양한 정책스펙트럼으로써 접근하여 우리의 의사를 강력히 개진하고 세계사의 변화의 움직임을 정확히 전달하는 것이 그 무엇보다도 중요한 대북 접근법이라고 하겠다. 포용일변도의 대북정책은 북한으로 하여금 독재권력만을 강화하게 하고 북한으로 하여금 우리의 존재성을 무시하는 방향으로 치달을 수 있다는 사실을 분명히 인식해야 할 것이다.

2. 평화의 전제가 자유임을 몰인식

노무현 정권의 대북정책을 흔히 '평화번영정책'으로 일컫고 있다. 노무현 정권에 있어서 '평화'란 마치 노무현 정권의 전유물인양 착각될

62) 정경환, "통일문제의 기본인식과 대북정책 방향," 『통일전략』, 창간호(한국통일전략학회, 2001), P.27.
63) 위의 글, P.28.

정도로 늘 평화란 말을 애용하였다. 노 전대통령은 2006년 11월 2일 KOTRA에서 열린 '외국인 투자유치 보고회'에서 행한 연설에서 "누가 정권을 잡더라도 평화의 전략은 결코 거역할 수 없을 것이고, 정권의 향배와 관계없이 한국이 숙명적으로 선택할 수밖에 없는 전략"이라고[64] 말한 바 있다. 이어 그는 "어떤 가치도 평화 위에 두지 않을 것"이라고까지[65] 말하였다.

이러한 노 전대통령의 발언에서도 알 수 있는 것처럼 노무현 정권의 대북정책의 목표 중 첫 번째가 "한반도 평화증진"이고 다음은 남북한 공동번영 실현 및 동북아 공동번영 추구로 설정하고 있다.[66] 평화체제가 구축되면 한반도 평화와 남북의 공동번영이 가능하게 되고, 동북아 경제중심국가의 토대가 마련될 수 있을 것으로[67] 주장하고 있는 것이다. 과연 이러한 대북정책의 목표가 현실적으로 가능한 이야기인가? 그리고 평화의 가치가 모든 가치에 앞선다는 노 전대통령의 말은 옳은 말인가? 이러한 의문에 적절하게 답하기 위해서는 '평화'란 용어의 기본 개념에 대한 이해가 전제되어야 한다.

흔히 '평화'라고 하면 화평한 상태 즉 전쟁이나 분쟁이 없는 상태를 뜻한다. 그러나 평화의 개념이란 그렇게 간단한 것이 아니다. 평화를 '소극적 평화'(negative peace)와 '적극적 평화'(positive peace)로 분류하여 개념화 시킨 이는 갈퉁이다.[68] 갈퉁이 말하는 소극적 평화란 단순히 물리적 폭력의 부재상태를 의미하고, 적극적 평화란 구조적인 폭력의 부재를 의미한다. 여기서 소극적인 평화란 20세기의 평화

64) 『중앙일보』, 2006년 11월 3일자(2면).
65) 위의 신문, 2006년 11월 3일자(2면).
66) 김동수, 앞의 글, p.80.
67) 위의 글, p.80.
68) Johan Galtung, "Violence, Peace, and Peace Research," *Journal of Peace Research*, No.6(1969), pp.167-191 참조.

라고 할 수 있고, 적극적인 평화는 21세기의 평화라고 할 수 있다. 냉전시대에는 국제질서는 군사력을 중심으로 해서 국제질서가 형성되었지만, 탈냉전시대는 군사력을 포함한 보다 포괄적인 안보개념이 통용되고 있다.

21세기의 평화개념인 적극적인 평화가 실천되기 위해서는 평화를 근원적으로 해칠 수 있는 요인들, 즉 반민주적 요소, 제국주의적 요소 및 패권주의적 요소들이 제거되어야 한다. "민주국가끼리는 서로 싸우지 않는다"(Democrats almost never fight each other)는 말이 있다. 이는 널리 알려진 민주평화론의 명제이다. 민주평화론은 민주국가 상호간의 전쟁은 없다는 사실을 역사적 사례를 통한 경험적 연구로 증명하였다.[69] 민주평화론은 적극적인 평화론을 뒷받침하는 이론적 토대를 형성하고 있다. 한반도 평화체제의 구축은 구호나 선언으로써는 형성되는 것이 아니다.[70]

북한의 체제가 민주체제로의 전환이 이루어지지 않는 한 한반도에서의 진정한 평화체제 구축은 요원하다고 할 수 있다. 한반도에서 평화의 전제는 자유의 가치라고 할 수 있다. 민주주의의 가장 핵심적이 가치는 '자유'이다. 인간의 개인적이고 기본적인 자유는 사람의 기본권 중에서도 핵심이 되는 것이다. 자유란 개념은 민주주의사상으로서는 가장 근원적인 것이다.[71] 이런 점에서 자유에 대한 존경만이 사람들의 생활에 최종적인 아름다움을 줄 수 있는 것이라는[72] 영국의 정치

69) 조민, 『한반도 평화체제와 통일전망』(서울: 해남, 2007), p.124.
70) 한반도 평화론을 위한 세 가지 추구방법이 있는데, 조성렬 교수는 이를 크게 민주평화론, 시장평화론 및 선군평화론으로 나누어 설명하고 있다. 조성렬, 『한반도 평화체제』(서울: 푸른나무, 2007), pp 32-39 참조.
71) 송택구, 『민주주의론』(서울: 형설출판사, 1989), p.66.
72) Horold J. Laski, *Liberty in the Modern State*, 김학준(역),

학자 라스키(H. Kaski)의 언급은 당연한 것이다. 민주주의의 가장 기본적인 가치인 자유가 실종된 민주주의는 그 어떤 미사여구를 섞어서 주장해도 민주주의의 가면을 쓴 사이비 민주주의라고 할 수 있다.

국민의 주권의 원칙(of the people)과 국민자치의 원칙(by the people)이 형성되고 있지 않은 민주주의는 그 어떤 평화도 보장하기 어렵다. 소극적인 평화가 한반도에서의 평화라고 인식한다면 그것은 어느 정도 일리가 있지만 민족의 자유, 인권 및 번영이 담보되는 한반도 평화체제는[73] 자유가 전제된 민주주의론에서만이 실현될 수 있는 체제라고 할 수 있다. 평화지상주의로 한반도에서 평화체제를 구축하려고 했던 노무현 정권의 성급한 움직임은 평화의 전제가 자유라는 가장 일반적이고 상식적인 점을 인식하지 못한 업적주의의 대표적 사례 이외에는 아무 것도 아니다. 이러한 노무현 정권의 평화에 대한 집착은 2007년 10월 제2차 남북정상회담 직후 당시 송민순 외교통상부 장관이 10월 7일 "3-4자 정상회담 조기성사 땐 종전협상 개시 선언할 것"이라는[74] 발언으로 이어지기에 이르렀다. 또한 당시 백종천 청와대 안보실장은 10월 24일 한 포럼 강연에서 " 남북정상선언문에 담긴 3-4개국 정상들의 종전선언은 평화협상을 이제 시작하자는 관련국들의 정치적 선언을 의미한다"고[75] 하여 노무현 정권의 안보 당담

『(수정증보판) 래스키 : 현대국가에 있어서의 자유』(서울: 서울대학교출판부, 2007), p.303. "Where there is respect for reason, there, also, is respect for freedom. And only respect for freedom can give final beauty to men's lives."

73) 평회체제와 한반도평화체제의 개념에 대해서는 김학성, "한반도 평화체제에 대한 이론적 접근 : 존재론 및 인식론적 논의를 중심으로," 남북협력연구실(편), 『한반도평화전략』(서울: 통일연구원, 2000), pp.1-47 참조.

74) 『조선일보』, 2007년 10월 8일자(A1면).

75) 『조선일보』, 2007년 10월 25일자(A2면). 이러한 백 전실장의 발

자들이 가지고 있는 평화관이 얼마만큼 성급하고 조악한 것인가를 확연하게 알게 해준다.

한반도에서의 평화는 여러 가지의 중첩적인 전제조건이 필요하다. 우선 북한이 개방·개혁체제로 변화해야 한다. 전제적 독재체제를 북한이 강고하게 유지하고 있는 한 그 어떤 평화논의도 결코 진정한 한반도의 평화라고 평가할 수 없다. 다음으로 한반도를 둘러싼 주변국제관계의 유동성과 불안정성이 제거되어야 한다. 지금처럼 냉전체제의 남방3각구도와 북방3각구도의 양극적 대립구도가 완전히 종식되지 않은 상황에서는 한반도에서 평화체제의 구축은 매우 험난한 길이 될 것은 분명하다고 하겠다. 마지막으로 한반도평화체제의 구축은 남한 내의 통합질서의 구축이 매우 중요한 전제조건이 될 수 있다. 지금처럼 한국 내부가 이념적으로, 정치적으로, 계층적으로 분열이 심화되어 있을 경우 효과적인 대북 평화전략을 전개하는 데는 부정적인 역할을 할 것은 분명하다고 하겠다.

한반도에서의 평화가 무엇을 의미하고 한반도에서 평화체제라는 것이 어떤 모습을 지향해야 하는가라는 주제에 대한 논의는 활발한 논의의 전개가 필요하지만 한반도평화체제의 가장 중요한 요인은 자유와 민주주의가 보장되는 체제적 성격이라고 할 수 있다. 한반도평화체제의 형성과 구축에 있어서 만약 자유의 가치가 보장되지 않는 단순한 소극적인 평화관을 기초로 한다면 그 평화체제는 언제라도 외부적 작용에 의해서 붕괴할 수 있는 불안정한 평화체제로 전락할 것임은

언에 대해 송 전장관은 "종전선언은 평화를 어떻게 유지할지에 대한 협의를 거쳐 나오는 것으로 정치적·군사적·법적 조건이 갖춰져야 한다. 평화협상 개시를 선언하는 것과 종전을 선언하는 것은 전혀 다른 것이다"라고 언급하여 정면 반박하였다. 위의 신문, 2007년 10월 25일자(A2면).

불문가지의 일이다.

3. 한미동맹의 중요성에 대한 몰인식

한국현대사에 있어서 미국에 대한 인식은 긍정과 부정의 양면으로 나뉘어진다. 한편으로는 미국은 우리 민족에게 일제의 잔혹한 식민통치에서 벗어나게 하는데 결정적인 이바지를 했고, 6·25전쟁에서 적화의 절체절명의 순간에서 우리의 국체를 보존하는데 결정적인 기여를 하였고, 나아가 우리에게 경제위기가 발발될 때마다 원조와 차관을 제공하여 우리가 다시 일어설 수 있는 기초를 마련하였고, 부족한 국방력의 버팀목이 되어 우리의 안전을 보장해주는데 중요한 역할을 하고 있다는 점에서 긍정적인 의미를 지니고 있다. 그러나 미국은 한국현대정치사에 일일이 개입과 간섭을 하여 우리의 대외자주권을 심히 위축시키는 요인이 되었고, 대외관계에 있어서도 미국의 정책지향은 우리의 중요한 바로미터가 되고 있다는 점에서 자주성의 훼손이라는 점을 잉태하였다는 면에서 부정적인 의미를 지니고 있음은 부인하기 어렵다.

이런 양면성을 지니고 있는 미국이라는 존재에 대해 시시비비를 가려 인정할 것은 인정하고 잘못된 것은 과감하게 지적하여 개선책을 촉구하는 것은 너무나 당연한 지향점이고 이러한 행태는 독립국가로서의 주권의 문제라고 할 수 있다. 이러한 미국에 대한 인식의 양면성을 분명히 전제하고 우리가 결코 간과해서는 안 되는 것은 현단계에서 한미동맹관계는 우리의 생존과 발전에 있어서 절대적으로 필요한 국제관계라고 하는 사실이다.

한미동맹이 현단계에서 왜 필요한 것인가라는 의문에 대해서는 다양한 차원에서 별도의 논의 전개가 필요하지만 간단하게 살펴보면 다

음과 같다. 한미동맹은 첫째, 한국 단독으로 극복할 수 없는 안보도전들의 산재를 지적할 수 있고, 둘째는 한국안보의 최대과제인 통일과정의 지지 및 지원세력의 확보라는 점에서 한미동맹은 피할 수 없는 우리의 길이고, 셋째는 21세기 전반의 불확실하고 불안정한 국제안보환경에 효과적으로 대응해야 한다는 점에서[76] 현단계에서 우리가 반드시 취해야 할 국가전략이라고 할 수 있다.

여전히 한반도의 안보정세는 유동성과 불안정성이 강화되고 있는 실정이다. 중국은 여전히 공산당 1당 독재체제를 형성하고 있고, 일본은 과거의 역사를 청산하기는커녕 모험적인 신군국주의의 움직임을 여전히 추구하고 있고, 특히 미사일과 핵무기로 무장하고 있는 전대미문의 전제성을 지니고 있는 김정일 정권은 "강력한 군사력을 건설하여 조선 내정에 대한 미국의 군사간섭을 끝장내려고 하며 조선통일을 겨냥하고 있다."[77] 이처럼 여전히 대남 적화야욕을 포기했다고 하는 아무런 증거도 없는 북한과 동북아시아에서 주도권 쟁탈전을 치열하게 전개하고 있는 중국과 일본의 세력이 강화되고 있는 현실에서 우리의 안보에 분명한 지지대 역할을 할 수 있는 것이 바로 한미동맹관계라고 할 수 있다. 한국이 산적한 안보 도전과 위협을 해소하고 동북아를 안정시키기 위해 한미동맹의 존속은 그 어느 때보다 필요하다고 하겠다.[78]

---

76) 최종철 · 박영준 · 한용섭, "한미동맹의 당위성 연구," http://rinsa.kndu.ac.kr/board/pds/2005812151216.pdf(검색일: 2006년 3월 12일)

77) 김명철(지음) · 윤영무(옮김), 『김정일의 통일전략』(서울: 살림터, 2000), p.26. 일본의 김정일 대변인이라고 할 정도로 대표적인 김정일 추종자인 김명철의 언급. 북한핵에 대한 김명철의 친북발언은 김명철, 『김정일 한(恨)의 핵전략 : 그 미궁의 핵전략을 파헤친다』(서울: 도서출판 동북아, 2005) 참조.

이처럼 중요성을 갖는 한미동맹관계는 노무현 정권 하에서 심각한 국면을 초래하고 말았다. 부시 행정부 출범 이래 한미 양국간 방기 또는 연루위험이 조성되고 있는 사안으로서는 한국의 MD체제 가입문제, 그리고 해외주둔군재배치계획(GPR)에 따른 주한미군의 전략적 유연화문제, 그리고 여기에 대처하기 위한 한국의 '협력적 자주국방론', 한중 군사분야의 협력 강화 및 '동북아 균형자론' 등 새로운 안보전략의 추진을 들 수 있다.[79] 어설픈 노무현 정권의 자주론으로 인해 한미동맹은 정권 임기 내내 균열을 초래하였다.

노 전대통령은 2006년 6월 25일 '6·25전쟁 56주년 참전용사 위로연'에서 "우리는 남북관계를 안전과 평화에 최우선 순위를 두고 관련해 나가고 있다"고 전제하고 "우리의 자주국방 노력이 한·미동맹을 해치지는 않을까 걱정하는 분들이 계시지만 자주와 동맹은 배치되는 것이 아니라 상호보완적인 것"이라며 "스스로 지킬 힘이 있을 때 동맹도 더욱 굳건하게 유지되는 것"이라고 강조한 바 있다.[80] 자주와 동맹은 상호배치적인 관계가 아니라는 노 전대통령의 말은 일리가 있는 당연한 말임에도 불구하고 노 정권의 대외노선과 노 전대통령은 다른 곳에서의 언행은 이러한 말을 뒷받침 해주지 못하고 있다. 노 정권의 정책담당자들은 자주국방에 대해 "오늘날의 자주국방은 홀로서기를 의미하는 배타적 독자국방이 아닌 국가간 협력관계를 안보의 주요수단으로 활용하는 협력적 자주국방을 의미"한다고[81] 언급하고 "자주국방과 한·미동맹은 상호보완적 관계"에[82] 있다고 주장하였다.

78) 최종철·박영준·한용섭, 앞의 글, p.21.
79) 서정경, "부시행정부 이후 중국을 둘러싼 한미동맹의 안보딜레마," 『국방연구』, 제48권 제2호(2005), p.112.
80) 『중앙일보』, 2006년 6월 26일자(8면).
81) 국방부, 『자주국방과 우리의 안보』(서울: 국방부, 2003), p.16.
82) 위의 책, p.17.

그러나 노 정권 5년 내내 한미관계는 늘 긴장과 갈등의 연속선상에서 벗어나지 못했다. 이러한 노 정권의 대미갈등적 외교정책이 바로 '동북아균형자론'이다. 동북아균형자론은 미국을 직접 겨냥한 것이 아니라는 정부 당국자들의 해명에도 불구하고 결과적으로 한국이 중국과 미국 사이에서 균형을 취하겠다는 뜻으로 해석되면서 한미갈등의 잠재적 요인으로 작용했다.[83] 동북아균형자론의 제기를 통해 노 정권은 미국과 중국간의 외교적 균형을 기하려고 하였다. 과연 이러한 균형자론이 현실적으로 우리의 국익에 도움이 되는 논리인가? 노 전대통령이 2004년 11월 12일 미국 LA에서 북한의 핵무기 개발은 체제 방어용이며 누구를 공격하기 위한 것으로 단정할 수 없다는 요지로 견해를 밝힌 후 나흘만인 16일 미국은 북한의 핵무기가 동맹과 우방국들에 대한 위협이라고 믿는다는 공식 입장을 밝힌 바 있다.[84] 이처럼 노 정권은 사사건건 미국과 늘 긴장국면에서 벗어나지 못했다.

노 전대통령은 2005년 4월 17일 터키를 방문 중 동포간담회에서 "한국국민 중 미국사람보다 더 친미적인 사고방식을 가진 사람들이 있는게 걱정스럽고 제일 힘들다"고 말했다. 그는 또 "한국과 미국 내에 미국으로 중심으로 말하는 사람이 있는 게 어려운 문제라"고 말했다.[85] 이러한 노 전대통령의 발언이 동북아균형자론의 대논쟁의 와중에서 나온 발언이라는 점에서 주목되던 발언으로 평가될 수 있다. 이러한 발언에 대해 당시 언론의 사설에서는 매우 타당한 분석을 내놓은 바 있는데, "말로는 한·미동맹의 바탕위에서 세력 균형자 역할을 한다면서도 실제로는 동맹이탈을 의미하는 동북아균형자론에 내포된

83) 조성렬, "특별기획 노무현 2003-2008, 빛과 그림자 : 외교·안보," 『신동아』, 2008년 2월호. p.170.
84) 『조선일보』, 2004년 11월 18일자(1면).
85) 『국민일보』, 2005년 4월 18일자(26면).

위험성을 인식하고 한·미동맹 유지 강화가 현상황에서 최선의 방향이라고 믿는 수많은 국민이 모두 미국중심적 사고를 한다는 것은 수긍할 수 없다"는[86] 것이다.

4. 김정일 정권의 실체에 대한 몰이해

국제관계에 있어서 상대를 평가하는 인식 중 가장 중요한 지향은 상대를 보다 정확히 아는 것이다. 그러면 상대를 어떻게 하면 가장 잘 파악할 수 있는가? 어떻게 해야 상대방의 실체를 제대로 파악했다고 할 수 있는가? 국제관계에서 국가를 올바르게 판단하는 기준은 과연 무엇인가? 다양한 척도가 있겠지만 크게 인류의 보편적 가치의 차원에서 그 상대를 대입하여 비교해보는 것이고, 다음으로는 국가이익의 차원에서 상대를 국가이익과 부합되는 지 맞추어보는 것이 있고, 마지막으로는 상대방이 처해있는 현실을 "있는 그대로" 인식하는 것이 필요하다.

김정일 정권은 현재 천하가 다 아다시피 전제적 독재정권이다. 여기서 전제적이라는 용어는 세습이라는 봉건적인 의미와 세세한 개인생활까지 통치력이 미치는 전체주의적인 의미를 내포하고 있다. 김 정권은 인민의 의사가 정치권력의 창출에 단 1%도 행사되지 못하는 "절대적"인 독재권력이다. 나아가 도저히 상식을 가진 인간으로서는 상상도 할 수 없는 정치범수용소를 운영하면서 인민의 인권을 근본에서부터 유린하고 있는 반인륜적인 성격을 지니고 있는 독재권력이다. 이것은 부인하고 싶어도 부인하기 어려운 엄연한 사실이다. 겉으로 드러나는 김정일 개인과 정권 차원의 언급은 실상 내지 실체와는 완전히 차

86) 『국민일보』, 2005년 4월 18일자(26면). 사설 '친미적 사고방식이 걱정이라는데' 중.

별성을 가지는 내용들로 가득 차 있다.

김정일의 핵무기에 대해 노 정권은 자위용이고 일리가 있다고 이야기하고 공격용이 아니라까지 언급하고 있다. 친북분자가 아니고서는 도저히 할 수 없는 발언들의 연속이다. 최고지도자로서의 자격이 의심될 정도로 이해할 수 없는 친북적인 발언들을 5년 내내 쏟아내었다. NLL발언에 이르러서는 귀를 의심할 정도이다.[87] 노 정권 하에서 노 전대통령과 정책담당자들의 무차별적인 대북옹호발언들은 과연 이 나라가 자유민주주의를 지향하는 국가인지 아니면 반미주의자들과 친북분자들의 국가인지 의심스러울 정도였다. 북한에게 천문학적인 돈을 아무런 분배의 투명성과 관계없이 지불되어지고, 군사전용으로 갈 지 모른다는 군사전문가들의 우려에도 아랑곳없이 막대한 현금을 북한에 제공하여 왔다.

그럼에도 불구하고 노 정권은 북한에 대해 제대로 주장할 것은 하지 못하고 북한 특히 김정일의 비위를 맞추는데 전념하는 것과 같은 언행을 거듭하였다. 우리의 대북정책의 궁극적인 목적은 북한을 개방·개혁체제로 전환하는 것이다. 그럼에도 불구하고 노 전대통령은

---

87) 노 정권의 친북적 행태에 대해서는 정용석, "노 정권의 반미·친북 네 가지 뿌리," 『민족정론』, 2006년 7/8월호, pp.9-14 참조. 노 전대통령은 10월 11일 청와대에서 기자간담회를 가졌는데 이 자리에서 그는 "NLL 문제에 관해서 좀 많은 얘기들이 있는데, 이게 그렇습니다. 우리 헌법상 북쪽 땅도 우리 영토입니다. 그 영토 안에 줄을 그어놓고 이걸 '영토선'이라고 주장하고 '영토주권 지키라'고 자꾸 얘기하면 정말 저 헷갈리지요. 여러분, 헷갈리지 않습니까? 영토 안에 영토 분계선을 그어놓고 자꾸만 그러는 것이지요. 그리고 우리가, 우리한테 유리하든 불리하든 객관적 사실은 인정해야 됩니다. 이것이 남북 간에 합의한 분계선은 아니라는 점, 인정해야 됩니다"라고 언급하였다. http://www.president.go.kr/cwd/kr/archive/archive_view.php?meta_id=inter_korean_summit&id=53d71f9 2a2688074361ff60d(검색일:2007년 10월 12일)

제2차 남북정상회담 직후 귀경길인 2007년 10월 4일 개성공단을 방문하여 "그동안 개성공단이 잘되면 북한의 개혁 개방을 유도하게 될 것이라고 생각했는데, 이번에 (김정일 국방위원장과) 대화를 해 보니 적어도 정부는 그런 말을 쓰면 안 되겠다고 생각했다"며 "개혁 개방은 북한이 알아서 할 일이고, 우리는 불편만 해소하도록 노력할 것"이라고 말했다.88) 이뿐만 아니라 노 전대통령은 10월 3일 평양대표단과 오찬을 하면서도 "개성공단을 개혁과 개방의 표본이라고 많이 이야기했는데 북한을 고려하지 않은 것"이라며 "개성공단의 성과를 말할 때는 북한 체제를 존중하는 배려가 있어야 한다"고 말했다.89)

이러한 노 전대통령의 말은 자기를 부정하는 자기당착의 말이자 전 세계가 요구하고 있는 북한의 개방 개혁을 부인하고 북한의 입장에서서 말하는 너무나 이해하기 힘든 말이라고 할 수 있다. 노 전대통령의 이 말은 노 정권의 대북정책의 기조를 스스로 허무는 것으로 완전히 모순적인 말이라고 할 수 있다. 북한의 개방 개혁이 없이 어떻게 북한과의 평화와 번영을 도모한다는 것인가?90) 북한의 김정일이 싫어한다고 김정일의 비위를 맞추어 개방 개혁이라는 말을 사용하지 않는다고 해서 북한이 우리의 정책의지대로 그대로 따라줄 것으로 생각하는가? 너무나 북한을, 김정일을 몰라도 모르는 노무현 개인과 노 정권의 양태는 한심한 작태라고 비판하지 않을 수 없는 것이다.

김정일과 김정일 정권의 실체를 있는 그대로 파악하여 그들의 정권적 실체와 대남적화야욕을 분명히 인식할 때만이 올바른 대응전략이

88) 『동아일보』, 2007년 10월 6일자(A4면).

89) 위의 신문, 2007년 10월 6일자(A4면).

90) 북한을 개방 개혁체제로 전환시켜야 할 이유에 대해서는 정경환, "신정부 대북정책의 원칙과 방향," 『통일전략』, 제3권 제1호(한국통일전략학회, 2003), PP.90-91 참조.

나올 수 있다. 무조건적으로 북한의 입장에 서서 북한을 두둔하고 북한의 눈치만을 보는 노 정권의 대북정책과 정책시행은 대한민국의 정체성을 심히 훼손하는 것일 뿐 아니라 김정일로 하여금 오만하고 기고만장한 행태를 야기시키는 결과만을 초래할 것이다. 북한 체제의 "있는 그대로의 모습"을 정확히 인식하여 북한을 제대로 평가하고 대한민국의 주권성과 정통성을 훼손하지 않는 정책을 조성하고 이에 근거하여 북한 체제를 다루어야 한다. 노 정권의 실패와 오류는 역사 속에서 또 하나의 실패의 역사로 기록될 것이다.

5. 이원적 분열의 조장

노 정권의 대북정책과 그 시행 및 최고지도자인 노 전대통령과 관계담당자의 발언들로 인해 보수와 진보, 여당과 야당, 국민상호간, 학자들간에 도저히 합치하기 어려운 분열이 조장되었다. 그 여파는 정권이 교체된 현재까지도 상호 극단적인 불신감으로 화합의 장을 만들어내지 못하고 있다. 노 전대통령은 나라의 최고지도자로서 사회의 갈등을 흡수하여 조정 해결해야 할 입장에 서야 함에도 불구하고 사사건건 문제를 일으켜 보혁갈등을 조장하였다. 5년 임기 내내 상식 밖의 말들을 하여 대통령으로서 지녀야 할 품격을 훼손하고 국론을 분열시키는 행위를 자행하였다. 과연 그는 대통령의 막중한 임무를 제대로 알고 있는지 의심스러울 정도로 고집스럽게도 거침없이 품격이 떨어지는 용어를 사용해가면서 갈등을 조장하였다.

이러한 노 전대통령과 정권관계자의 언사는 통일문제에서 가장 극명하게 드러나고 있다. 주적문제, 국가보안법문제, 전시작전권문제, NLL문제, 한미동맹문제 등 통일문제의 거의 모든 문제에서 기존의 틀을 뒤집는 상식 이하의 발언을 일삼아 극단적인 내부의 분열여론을

조장하였다. 정동영 전통일부장관은 2004년 11월 17일 국회 통일외교통상위원회에 출석하여 "남북 정상회담 개최 등 달라진 남북관계 환경을 생각해서 주적개념은 달라져야 한다"면서 "내년 초 발간될 국방백서에서 다른 용어로 서술되는 게 바람직하다"고[91] 말한바 있다. 심지어 당시 윤광웅 국방부장관은 "그동안 국방부가 북한을 주적이라고 한 것은 언어도단이다"라고[92] 까지 말한 것은 책임 있는 당국자가 할 수 있는 발언의 범위를 넘어선 언동으로 규탄하지 않을 수 없는 것이다.

노 전대통령은 2006년 6월 6일 현충일 추념사에서 "독선과 아집, 배타와 타도는 민주주의의 적이자 역사 발전의 장애물"이라며 "우리 정치도 적과 동지의 문화가 아니라 대화와 타협, 경쟁의 문화로 바꾸어 가야 한다"고[93] 지적한 바 있다. 그러나 노 정권은 말과는 달리 통일문제의 제반 현안들에 대해서는 대화와 타협의 문화는 실종되고 오직 존재하는 것은 시대착오적인 친북적 발언만이 난무하여 극단적인 국론분열을 초래하였다. 대북정책이나 통일문제는 결코 최고지도자나 정권당국자의 전유물이 아니라 국민공감대와 여론의 환기를 통해 이루어나가야 할 국민의 정책이자 민족의 문제인 것이다. 이런 점을 망각하고 독선과 독단으로 사회의 통합을 해친 노 정권은 역사의 준엄한 심판을 받을 것으로 생각한다.

91) 『조선일보』, 2004년 11월 18일자(1면).
92) 『동아일보』, 2004년 11월 18일자.
93) 『중앙일보』, 2006년 6월 7일자(4면).

Ⅳ. 노 정권 대북정책의 평가에 따른 향후 개선방향

지금까지 노 정권의 대북정책의 문제점을 비교적 소상히 살펴보았다. 노 정권의 대북정책의 문제점에서 도출된 제반 사항을 기초로 하여 향후 개선해야 할 정책방향에 대해 언급하고자 한다. 지면상 길게는 설명하기 어렵고 각 항목당 요점만을 제시할 생각이다. 필자가 노 정권의 대북정책의 문제점을 지적한 것은 비판을 위한 비판에 만족하기 위함이 아니다. 통일문제를 수 십 년간 전공하고 있는 입장에서 민족의 인권, 자유 및 번영이 담보되는 통일국가의 창출에 도움이 되는 정책대안과 전략을 모색해야 한다는 일념으로 그동안 글을 써왔다.

과거 독재정권의 대북정책과 통일전략은 사실상 국민의 공감대를 형성하기 어려운 사상누각에 불과하였다. 내부적으로 강압체제를 형성하고 현실에서 독재를 하면서 어떻게 북한의 인권을 비판할 수 있고 전제적 독재에 대해 규탄할 수 있겠는가? 공산독재를 비판하려면 자유민주주의를 지향하는 우리는 자유민주주의를 현실에서 그대로 실천해야 한다. 이럴 때만이 비판의 명분이 있고 국민과 세계의 지지를 받을 수 있는 것이다. 남북한 공히 정도의 차이는 있지만 독재의 광풍이 불 때는 사실상 존재하는 것은 오직 명분싸움이고 정권의 강화를 위한 술책뿐인 것이다. 통일문제는 정권안보의 하위단위로서만이 존재할 뿐이었다.

그런데 우리 대한민국은 위대한 4·19민주혁명, 부마민주항쟁, 광주민중항쟁 및 6·10민주항쟁을 거치면서 절차적 민주주의를 이룩했다. 아시아 아니 세계에서 가장 자랑스러운 민주화투쟁의 역사를 지니고 있다고 해도 결코 과언이 아닌 것이다. 이제 우리는 당당하게 북한에 대해 독재를 개선하고 개방 개혁하라, 정치범수용소를 해체하라,

인권문제를 해결하라고 말할 수 있게 된 것이다. 남북한간의 신뢰는 상호 신뢰가 구축되지 않고서는 절대로 이루어지기 어렵다. 인민을 억압하고 인권을 유린하는 정권이 어떻게 세계사의 진운과 함께하는 통일을 말할 수 있겠는가? 그것이야 말로 자기기만이고 정권을 강화하기 위한 술책이외에는 아무 것도 아닌 것이다.

대한민국은 자유민주주의를 수호하고 지켜야 한다. 현재 조국 대한민국은 자유민주주의를 지향하고 실천하고 있다. 반면 북한은 전제적인 세습체제라는 독재의 검은 그림자에 쌓여 있는 실정이다. 이렇게 상호 이질적이고 도저히 합쳐지기 어려운 상황에서 우리는 무엇을 해야 하는가? 국가의 수반인 대통령과 국민의 안전과 생명을 담보하고 있는 정부는 무엇을 해야 하는가? 필자는 노무현 정권 5년간을 생각하면 기가 막히고 억장이 무너짐을 느낀다. 북한 특히 김정일 정권의 실체도 제대로 모른 체(알고도 친북적 사고를 가져서 그런지 모르지만) 오직 남북화해라는 평등적 등가성의 원리만을 가지고 북한에 현금을 포함해 "퍼주기"만 한 노 정권은 민족의 준엄한 심판을 받아야 한다고 확신한다. 이러한 심정을 가지고 민족의 자유, 인권 및 번영이 담보될 수 있는 대북정책과 통일전략의 마련을 위한 필자의 "애끓는" 정책대안을 제시하고자 한다.

1. 자유민주적 사관에 입각한 대북정책의 수립과 시행

북한을 상대로 한 대북정책이라고 해서 우리의 헌법정신이자 세계의 보편적인 가치인 자유민주주의의 틀에서 벗어나 입안하고 시행할 수는 없다. 통일이란 민족의 동질성을 회복한다는 의미이고 민족자존·자유를 신장하는 민족의 공동번영과 일체성을 의미한다.[94] 남북

94) 정경환, 『민족분단과 통일문제』(부산: 신지서원, 2002), p.276.

한의 통일은 상호 체제가 다르고 생각이 다르기 때문에 그냥 일 대 일의 등가성의 원칙에 의해서 단순히 남과 북이 합치는 "묶음"과는 완전히 다르다. 남북통일에는 분명한 통일의 원칙이 있어야 하고 대북정책도 이 틀속에서 움직여야 한다. 이런 점에서 통일문제는 결코 현상적으로 드러나는 상황변화에 따라 일희일비할 수 있는 문제가 아니라 그 깊은 이면에 흐르고 있는 저변의 구조적 면을 간과해서는 안 된다.95)

그러면 우리가 지향해야 할 통일의 원칙은 무엇인가? 한반도 통일의 원칙과 노선은 첫째, 공존공영적 통일노선을 지적할 수 있고 둘째, 점진적이고 단계적인 통일노선이고 셋째는 민주적 통일노선이다.96) 자유민주적 통일노선은 대한민국 헌법에 규정된 통일노선으로 우리나라의 국체에 해당하는 부분이다. 그럼에도 노 정권은 자유민주적 통일노선을 방기한 채 친북적 양태를 상시적으로 행사하여 주적론을 폐기하려고 하였고, 국가보안법을 폐지하려고 하였을 뿐만 아니라 우리의 엄연한 영토선인 NLL을 해체하려고 하는 "망동"을 부렸으니 이러한 정권적 차원의 망동은 역사의 진운을 막는 시대역행적이고 반민족적 행태로 엄중히 규탄하지 않을 수 없는 것이다.

자유가 상실된 통일이 무슨 의미가 있는가? 노 전대통령은 자유의 가치보다 평화가 앞선다는 말을 했는데 이것이 도대체 정상적인 상식을 가진 사람의 말이라고 할 수 있는가? 어떻게 자유보다 평화의 가치가 앞선단 말인가? 자유는 인류가 추구해야 할 최종적 가치이자 귀결적 가치이다. 자유가 상실된 평화는 가짜, 사이비 평화에 불과한 것이다. 그 어떤 경우라도 자유를 앞세운 대북정책의 입안과 시행이 요

95) 위의 책, p.276.
96) 위의 책, pp.276-277.

청된다. 자유의 포기는 우리의 존재자체를 부인하는 것이고 대한민국의 국가이념을 부인하는 것이다.

2. 북한체제를 개방·개혁체제로 전환하는 전략 개발

통일문제는 민족의 숙원이 달려 있는 해방 후 한국민족주의의 최대의 시급한 과제이다. 대북정책의 궁극적인 정책목표는 북한을 개방개혁체제로 전환하여 민족의 자유, 인권 및 번영이 담보되는 한반도 평화체제를 구축하는 것이다. 만약 북한이 개방·개혁체제로 전환되지 않는 가운데서 남북한간에 통일이 이루어지면 어떻게 될 것인가? 전제적 독재체제와 자유민주적 체제의 통일이 현실적으로 가능한가? 북한 김정일 정권의 경우 막강한 재래식 무기와 대량살상무기를 함께 보유하고 있는 병영국가이다. 이런 북한과 아무런 전제조건 없이 통일을 이루었을 때 과연 정상적인 국가운영이 가능할 것인가? 한마디로 어불성설이라고 할 수 있다.

남북한간의 통일은 상호 신뢰구축이 전제가 되어야 이루어질 수 있는 민족적 과제이다. 북한의 개방 및 개혁은 북한(정확히 말하면 북한정권)에 대한 신뢰를 고양시키는 계기를 조성한다.97) 북한체제가 개방·개혁되지 않으면 그 어떤 통일협상의 결과도 신뢰할 수가 없다. 북한이 통일을 말할 수 있는 최소한의 근거나 자격은 개방·개혁노선을 추구할 때 이루어진다. 그러면 여기서 가장 중요한 문제가 도출된다. 어떻게 하면 북한을 개방·개혁체제로 전환할 것인가라는 문제다.

인민을 도륙하고 인민이 굶어 죽어도 정권강화와 남조선혁명을 위해 미사일과 핵무기를 개발하는 북한 김정일 정권이 과연 한국과 국제사회의 요구대로 개방·개혁을 추구하겠는가? 사실 가능성이 거의

97) 정경환, "신정부 대북정책의 원칙과 방향," 앞의 책, p.90.

전무한 질문이라고 할 수 있다. 소련의 고르바초프나 중국의 등소평처럼 구국의 결단을 내릴 수 있지 않겠느냐고 낙관하는 이도 있겠지만 김정일 정권의 그동안의 행태로 볼 때 개방 및 개혁노선은 매우 어려운 불가능에 가까운 문제라고 할 수 있다. 그러면 북한을 붕괴시키는데 모든 역량을 집중해야 하는가? 그런데 김 정권을 붕괴하는 전략은 그 여파의 불확실성으로 인해 결단을 내리기 어렵다. 김정일이 미국을 중심으로 하는 대북 붕괴전략에 순순히 항복을 하고 정권을 내 놓겠느냐하는 의문을 가지게 되는 것이다.

그렇기 때문에 현단계에서 북한을 개방·개혁체제로 전환하는 문제는 우리가 피할 수 없는 정책적 목표일 수밖에 없는 것이다. 그러면 다시 돌아가 북한을 어떻게 개방·개혁시킬 것인가? 보다 면밀하고 신중한 연구가 요청되지만 필자가 생각하기에는 인류의 보편적 가치인 인권문제 등을 가지고 국제사회와 연대해서 압박을 가하는 것이 가장 효과적인 대응전략의 하나라고 생각한다.98)

3. 당근일변도의 대북정책지향

김대중 및 노무현 전정권들은 오직 대북포용정책만을 가지고 북한을 대하여 왔다. 그들은 포용정책이 유일무이한 정책이라고 말하여 왔다. 그런데 결과는 북한의 변화보다는 미사일을 개발하고 핵무기를 실험하는 등 기고만장하고 오만한 김정일의 모습만을 보여줄 뿐이었다. 남북한간의 오고 가는 말들의 성찬은 훌륭했지만 본질에서는 전혀 변하지 않고 도리어 북한의 독재권력을 강화시켜주는 반민족적 결과만

98) 북한체제를 개방·개혁체제로 전환하는 문제는 보다 깊은 사고와 전략적 함의가 요청된다. 향후 필자의 가장 중요한 연구주제 중의 하나이다.

을 표출하고 말았다. 북한에 대해 포용일변도의 정책만을 가지고 북한을 한국의 의도대로 유도할 수 있다는 생각은 독재권력의 속성을 제대로 이해하지 못하는 오도된 방략이라고 할 수 있다.

노 정권은 북한의 입장에 서서 북한을 이해하려고 하였다. 이러한 차원에서 노 정권은 지속적인 북한에 대한 지원과 화해정책을 추구하였다. 북한을 자극하여 긴장국면을 초래하기 보다는 북한의 의도를 미리 알아차리고 북한의 입장을 두둔하는 행태를 보여왔다. 그러나 결과는 참혹한 것이었다. 전세계의 우려와 경고에도 불구하고 북한은 동해상에 미사일을 발사하고 핵무기 실험을 강행하였다. 미사일을 발사하고 핵무기 실험을 강해해도 노 정권은 북한에 현금이 들어가는 금강산관광과 개성공단을 아무런 일이 없었다는 듯이 유지하였다. 너무나 한심한 작태로 대한민국을 수호해야 할 막중한 책무를 지닌 대통령과 정부관계자의 대북 인식에 대해 비판하지 않을 수 없는 것이다.

북한 정권은 주지하다시피 인민의 인권을 조직적으로 유린하고 있는 세계최악의 인권유린 정권이다. 전세계의 세계사적인 흐름과는 아무런 관계없이 자의적으로 세계사의 방향과 역류하는 시대착오적인 반민주적 폭거를 지금도 자행하고 있다. 이러한 정권에 대해 포용일변도의 정책만 가지고 북한을 개방 개혁체제로 전환하여 평화체제를 구축한다는 것은 사실의 본질을 왜곡하는 시대착오적 정책지향이라고 할 수 있다. 이제 더 이상 지난 10년간의 실패를 되풀이해서는 안 된다. 당근만을 가지고 북한을 변화시켜서 한반도의 평화를 도모할 수 있다는 생각은 완전히 잘못된 정책이다. 독재권력과 혁명노선을 지니고 있는 권력은 당근만의 정책수단으로써는 제압하기 어렵다는 사실을 히틀러에 대한 체엄벌린 정권의 유화정책의 실패에서 명확히 보여주고 있다.

보다 다양한 정책적 스펙트럼 속에서 당근과 채찍의 정책수단을 병

행하여 북한에 대해 잘못된 것에 대해서는 눈치 보지 말고 말할 때는 말해야 한다. 현재의 모든 국제질서의 면모를 살펴볼 때 한국보다는 북한이 매우 어려운 국면에 놓여있다는 것은 주지의 사실이다. 그런데 우리가 무엇이 그렇게 급하고 잘못한 것이 있다고 북한에 대해 "주눅이 들어" 말 한마디 제대로 하지 못하고 천문학적인 물자를 제공하고도 북한의 행동 하나하나에 일희일비하고 끌려만 가는가? 국체를 보존하고 대한민국의 주권을 지킨다는 확고한 국가관을 가져야 한다. 나아가 북한 김정일 정권의 실체를 정확히 인식하여 북한에 대해 더 이상 끌려만 가는 대북 포용일변도의 정책을 포기하고 보다 의연하고, 당당하게, 한편으로는 설득(당근)의 정책과 다른 한편으로는 강제(채찍)의 정책을 조화롭게 구사하면서 북한이 기고만장한 태도를 보이지 않도록 대화의, 협상의 주도권을 가지고 북한을 우리의 의도대로 이끌어야 할 것이다.

4. 확고한 한미일 공조체제의 구축

현시점에서 우리가 믿을 수 있는 국가는 누구인가? 인간은 본질적으로 상대적이고 불완전한 존재이다. 이러한 인간론의 측면에서 볼 때 인간의 집합체인 국가 역시 숱한 문제점을 안고 있다. 우리(민족, 국가)를 아무런 조건 없이 이해해주고 상시적으로 협력의 마음을 가진 국가가 이 세상에 존재하고 있는가? 이러한 의문에 대해 확고한 답변을 하기에는 국제질서의 현실은 너무나 냉혹하다고 할 수 있다.

우리가 언제 터질지 모르는 화약고와 같은 북한과 대결하고 대치하고 있는 상황에서 믿을 수 있고, 의지할 수 있는 국가는 세계의 보편적 가치를 실천하고 있는 국가라고 할 수 있다. 한반도 주변에서 인류의 보편적인 가치를 현실에서 실천하고 있는 전통적인 우방은 미국과

일본이다. 물론 일본의 경우 우리 근현대사에서 지울 수 없는 상처와 고통을 준 국가이지만 북한문제에 한해서는 보조를 함께 할 수 있는 국가로 평가된다. 한미일 공조체제는 현단계 한국이 취할 수 있는 가장 중요한 국제관계의 고리이다. 한미일 공조체제에 대한 중요성을 인식하지 못하면 결코 조국의 안위를 확보하기 어렵다.

지금 북한이 핵무기 등 대량살상무기를 확보하고 있는 상황에서 독재체제인 중국이 우리의 편을 들어 북한에 대한 압력을 행사하는 것은 분명한 한계점이 있는 정책대안에 불과하다. 현재로서 북핵문제를 처리하고 북한을 개방·개혁체제로 전환하는 문제에 한해서, 우리와 공조체제를 형성하여 우리의 국가이익을 보존할 수 있는 주변국가는 미국과 일본이다. 물론 중국과의 우호협력관계를 소홀히 해서는 안 되지만 중국과 우리는 엄연히 체제와 지향이념이 다른 관계로 중국에 대한 신뢰구축은 아직까지는 시기상조라고 할 수 있다. 이런 점에서 노 정권에서의 동북아중심국가론과 동북아균형자론에서 볼 수 있는 것처럼 남방3각질서의 중요성에 대한 노 정권의 몰이해는 나라의 안전보장이나 남북한 통일질서의 구축에 치명적인 오류를 범할 수 있었다는 점에서 타산지석의 교훈으로 삼고 한미일 공조에 모든 역량을 집중해야 할 것이다.

5. 내부의 통일역량 구축

통일문제를 다룸에 있어서 가장 중요한 사항은 통일을 위한 우리 내부의 역량을 구축하는 문제이다. 북한에 대해 인권을 개선하라, 개방·개혁을 하라고 요구하면서 북한의 변화를 유도하는 전략도 중요하지만 사실 더 중요한 것은 통일을 위한 우리 내부의 체제정비가 우선시되어야 한다. 그러면 통일을 위한 우리 내부의 체제정비는 무엇을

의미하는가? 그리고 통일을 위해 우리는 어떻게 해야 역량을 구축할 수 있는가? 우리는 지금까지 통일문제를 연구하면서 국내변수와는 큰 관련성 없이 연구를 진행하여 왔다. 통일문제는 국민적 통합의 토대 속에서 움직여야 한다. 서독의 통일은 결코 우연히 이루어진 국제환경의 종속물이 아니다. 모범적인 민주공동체의 운영이 국민의 통합력을 응집시켰고 이러한 응집력이 통독의 원천이 되었다.99)

통일을 위한 우리 내부의 역량은 우리가 희구하고 있는 국체인 자유민주주의의 가치를 철저히 현실에서 실천할 때 이루어진다. 통일은 체제내부에 가해지고 있는 분열요소들의 극복으로부터 시작되어야 한다. 분열이 있는 곳에는 통합도, 통일도 존재할 수 없다. 오로지 분열의 극복, 즉 통합이 있는 곳에 통일이라는 위업을 이룰 수 있다.100) 이런 점에서 통일문제를 다루는 정책의 담당자들은 체제내부의 개편조치의 현실적 과제인 개혁을 통일을 위한 역량구축의 가장 중요한 정책방향이라고 생각하여야 한다. 우리 사회에 많은 모순이 상존하고 있다. 사회모순을 그대로 방치할 경우 우리사회는 분열이 더욱 확산될 뿐이다. 국민의 안전을 책임지고 남북한간의 통일협상을 주도하여야 할 정부는 강력한 개혁을 통해 사회모순을 해결하는데 전력투구해야 한다. 개혁은 기득권층의 반발과 저항이 있겠지만 궁극적으로 사회모순에 대한 해결책을 바라는 대다수 국민들의 지지로 인해 국민통합의 차원으로 연결된다고 하겠다.101) 예를 들면 우리 사회의 주요한 정치현안이자 사회모순인 부정부패에 대한 정부의 가시적인 개혁조치가 이루어진 다면 사회통합의 출발점이 될뿐 아니라 통일의 초석이 된다고 하겠다.102) 해방 이후 한국민족주의의 과제인 통일을 제대로 실

99) 정경환 "통일문제의 기본원칙과 대북정책 방향," 앞의 책, p.22.
100) 위의 글, p.23.
101) 위의 글, p.21.

천하기 위해서는 민주주의의 과제인 개혁과 민주화가 현실에서 과감하게 이루어질 때 통일을 위한 체제 내부의 역량 구축이 이루어지게 될 것이다.

체제내부의 개혁을 통한 내부의 통합질서의 형성은 민족통일을 위한 중요한 출발점을 이룸과 동시에 북한에 대한 무분별한 종북주의를 무산시키는 계기를 조성하게 한다. 또한 강력한 개혁을 통한 내부의 통합질서의 형성은 정부에 대한 일반 국민들의 지지도를 높여 주어 북한 정권에 대한 협상력도 고양시키는 계기가 될 것이다. 또한 우리 내부의 개혁을 통한 통합질서는 북한 김 정권으로 하여금 그들의 적화야욕을 무산시키고 대남 적화야욕을 실질적으로 형해화화는 중요한 실질적 요인이 되게 한다고 하겠다. 우리 내부를 정의가 꽃피는 아름다운 국가를 만들겠다는 정부의 의지는 자연히 내부의 통일역량을 구축하게 하고 자연스럽게 그 역량이 모여 민족의 자유와 인권과 번영이 담보되는 통일국가로 이어지게 될 것이다.

V. 결 론

본 논문의 결론에 이르렀다. 역사는 우리의 의지와 관계없이 침묵 속에 흐르고 있다. 역사 속에서 교훈을 찾으려고 하는 노력을 하지 않으면 역사는 우리에게 똑 같은 불행한 일을 경험하게 만드는 것처럼, 우리는 역사의 불행했던 반복을 연속적으로 경험한 바 있다. 인간은 본질적으로 불완전한 존재로 태어난다. 인간이 만든 모든 조직 심지어

102) 위의 글, p.24.

국가마저도 늘 문제점을 양산하기 마련이다. 아무리 완벽하다고 정평이 나있는 국가의 지도자도 긍정과 부정의 양면이 내재되어 있다. 우리는 역사를 평가하여 오늘과 내일을 새롭게 여는 교훈을 체득해야 한다.

노무현 정권의 대북정책에 대한 평가도 노무현 개인과 노 정권에 대한 "미운 감정"을 가지고 접근해서는 안 된다. 노 정권 역시 우리 역사에서 남긴 공적도 있다. 권위주의를 청산하고 선거에서의 부패구조를 혁파한 공헌은 우리 역사에서 분명히 인정을 받을 것이다. 필자는 비판을 위한 비판은 역사평가에 아무런 기여를 하지 못한다고 생각하고 있다. 노 정권의 대북정책에 대한 평가의 기준은 나라와 민족에 도움이 되고 세계의 보편적 진리에 부합하는 척도여야 한다. 논자 개인의 주관적 자의가 개입되어서는 옳은 판단을 도출하기 어렵다.

우리가 어떻게 살아왔는가? 대륙의 남단인 한반도에 우리 민족은 터전을 잡고 살아왔지만 주변의 열강들은 늘 우리들을 괴롭히고 침탈을 거듭하였다. 이에 우리는 굴복하지 않고 우리 민족의 국체와 말과 얼을 지켰다. 그렇기 때문에 조국 대한민국은 우리가 생명이 붙어 있는 한 결코 포기할 수 없는 우리 민족의 터전이자 생명의 뿌리이다. 이런 의식을 가지고 필자는 노 정권의 대북정책을 평가하였고 문제점을 제시하여 향후 개선방향과 과제를 설정하였다. 보는 이에 따라 시각이 다를 수 있고 만약 노무현 전대통령이나 노정권에 종사했던 정책관계자 접하는 경우 자신의 의도를 제대로 파악하지 못했다고 비판할 수는 있지만 비판이 없는 곳에 그 어떤 발전도 기대하기 어렵다. 오늘의 쓴 비판은 찬란하고 희망찬 내일을 열기 위한 과정이라고 생각된다.

노 정권의 대북정책을 필자는 "실패"라고 규정하고 싶다. 왜냐하면 그들이 표방했던 목표를 현실에서 전혀 이루지 못했고 우리에게 남은

것은 북의 핵무기보유와 동북아의 불안한 안보질서이다. 그들이 그렇게 외쳤던 한반도의 안정적 관리는 유명무실하게 되었고 북한은 지금도 그 많은 물자를 받고도 고마워하기는커녕 여전히 남한에 대한 혁명노선을 포기하지 않은 채 군사력을 강화하고 시대착오적인 전제적 독재체제를 공고하게 구축하고 있다. 이런 점에서 노 정권의 대북정책은 실패라고 단정하지 않을 수 없는 것이다.

이러한 노정권 대북정책의 실패는 다른 데 있는 것이 아니라, 대북인식의 오류에서 온 것이다. 노무현 개인과 노정권의 대북인식의 오류로서 우선, 비현실적인 대북낙관론을 지적할 수 있다. 북한이란 존재가 포용만한다고 해서 우리의 의지대로 따라오는 그렇게 만만한 존재가 아님을 알아야 한다. 북한은 자신의 국가전략과 혁명전략을 분명히 가지고 나름대로 남한과 미국을 상대하고 있다. 6·25전쟁의 한을 아직까지 품고 있다. 일본의 대표적인 친북분자인 김명철은 김정일의 핵전략을 "지금 한반도를 둘러싸고 전개되고 있는 불가사의한 핵대결은 사실 김정일에게는 특별히 놀랄만한 일이 아니다. 그가 이 모든 일을 예견하고 준비했기 때문이다. 북한 정부가 하는 모든 일은 김정일의 시나리오에 따른 것일 뿐이다"라고[103] 전제하고 "김정일의 핵전략은 한(恨)의 핵전략"이라고 규정하고 있다.[104]

이러한 김정일에 대해 환상적 낙관론을 가지고 대북한 정책을 설계하고 시행한 노 정권의 대북인식은 너무나 비현실적인 정책으로 비판하지 않을 수 없다. 두 번째, 노 정권의 대북인식은 대북동조적 양태를 지적할 수 있다. 노 정권은 마치 북한의 대변인을 자처하는 것처럼

---

103) 김명철, 『김정일 한(恨)의 핵전략』, 서문 중.

104) 김정일의 핵전략을 아버지 김일성의 한풀기와 남조선혁명전략의 일환으로 규정하고 비판하고 있는 책은 정만수, 『북한핵의 정체 : 김정일 핵실험 왜 했을까?』(부산: 이경, 2007) 참조.

북한의 입장을 대변하는 행태를 자행해왔다. 이러한 노 정권의 행위는 정책담당자들의 이념구조에 이상이 있는지 아니면 화해절대주의의 함정에 빠져 북한의 입장을 두둔하는 것인지 보다 더 면밀한 분석이 요구되지만, 자유민주주의를 국가이념으로 하고 있는 대한민국의 통일정책의 담당자들이 취할 금지선을 넘어선 행위로 비판하지 않을 수 없다.

세 번째, 노 정권의 대북인식은 오도된 국제관을 지적할 수 있다. 노 정권은 동북아의 중심국가역할을 하겠다, 동북아의 지역균형자 역할을 하겠다고 입만 열면 "떠들어" 되었다. 우리보다 훨씬 힘이 강한 국가들로 둘러 싸여 있는 오늘의 냉엄한 현실을 인식하지 못하고, 오도된 국제관을 표방한 결과 우리는 동북아의 외톨이가 되는 동안 북한을 포함한 주변국가들은 "코웃음을 치면서" 군사력을 강화했다. 너무나 유치하고 상식에 맞지 않는 노 정권의 외교전략은 대한민국의 국익을 크게 훼손시켰다는 비판에서 비켜갈 수가 없다.

이러한 노 정권의 대북인식의 오류는 대북정책에서 많은 문제점을 양산했는데, 첫째, 대북 포용일변도의 정책만을 고집하여 북한의 독재체제를 오히려 강화시켜주고 우리의 협상의 주도권을 상실하게 하였고 둘째, 평화의 전제가 자유임을 망각하고, 조급하게 한반도에 평화체제 구축에 열을 올렸으며 셋째, 한미동맹의 중요성을 망각하고 동북아균형자론이니 동북아중심국가론이니 하면서 비현실적인 정책을 남발하였다. 넷째, 김정일 정권의 실체에 기반한 정책을 시행하지 않고 환상적인 대북화해의 절대성에 대한 집착으로 사태를 악화시키는 결과를 초래하였다. 마지막으로 이러한 노 정권의 잘못된 대북정책으로 국내는 물론이고, 한미간에 한일간에 긴장점을 조성하여 분열을 극대화시켰다.

이러한 문제점을 기초로 해서 향후 우리(민족과 정부)는 분명한 정책의 개선이 요구되어지는데, 첫째, 확고한 자유민주적 사관에 근거한

대북정책의 입안과 시행이 필요하다. 자유를 잃고 난 뒤 평화는 어떤 의미가 있는가? 자유가 전제된 평화관을 정립하여 자유민주주의를 수호하고 자유민주적 통일체제 구축을 위한 확고한 전략을 마련해야 할 것이다. 둘째, 북한체제를 개방·개혁하는 것은 통일문제의 핵심적 의제임을 분명히 인식하여 북한체제를 개방·개혁체제로 전환하기 위한 전략을 모색하는 데 최선의 노력을 경주해야 한다.

셋째, 대북포용일변도의 정책이 실패로 끝났다는 사실에 유념하여 포용과 강제의 이중적 배합전략을 적절히 조화롭게 설정하여 대북정책의 효율성을 기해야 할 것이다. 넷째, 현재의 불안정하고 유동적인 동북아의 안보정세를 분명히 인식하여 세계의 보편적 질서를 구축하고 있는 미국과 일본간의 한미일공조체제를 돈독히 하는 정책지향성을 가져야 할 것이다. 마지막으로 우리가 대북 주도권을 가지고 당당하고 의연하게 우리가 요구하는 바를 북한에 요구하기 위해서는 우리 스스로의 통일역량을 구축해야 한다. 우리 내부의 통일역량 구축은 질풍노도와 같은 개혁조치를 통해 국가사회에 내재된 제반 모순과 부조리를 혁파함으로써 이루어지게 된다. 개혁을 통한 사회모순의 극복은 내부의 통합질서를 형성하게 하여 자연스럽게 통일역량으로 발휘하게 될 것은 불문가지의 일이다.

□ 참 고 문 헌

강철환, 『수용소의 노래(개정판)』, 서울: 시대정신, 2005.

권영성, 『헌법학개론』, 법문사, 1990.

국가안정보장회의, 『평화번영과 국가안보통일부:참여정부의 안보정책 구상』, 서울:국가안전보장회의 상임위원회, 2004.

국방부, 『북방한계선에 대한 우리의 입장』, 서울: 국방부, 2002.

국방부, 『서해 해상경계선 관련 북한주장의 부당성 및 우리의 입장』, 서울: 국방부, 1999.

국방부, 『자주국방과 우리의 안보』, 서울: 국방부, 2003.

김동수, "평화번영을 위한 대북정책," 통일부통일교육원, 『통일문제이해 2006』, 서울: 통일부통일교육원 연구개발팀, 2006.

김명철(지음)・윤영무(옮김), 『김정일의 통일전략』, 서울: 살림터, 2000.

김명철, 『김정일 한(恨)의 핵전략 : 그 미궁의 핵전략을 파헤친다』, 서울: 도서출판 동북아, 2005.

김태우, 『북한핵실험과 한국의 안보과제』, 한반도전략연구원 주최 제2회 전문가좌담회 발표자료집, 2007년 1월 26일.

남북협력연구실(편), 『한반도평화전략』, 서울: 통일연구원, 2000.

노훈, "자주국방을 위한 전력개선방향," 『군사논단』, 통권 제37호, 한국군사학회, 2004.

민주평화통일자무회의사무처, 『평화・번영의 동북아시대 : 정책과제와 추진전략』, 서울: 민주평화통일자문회의사무처, 2003.

박종철, "평화번영정책의 이론적 기초 및 체계," 박종철외, 『평화번영정책의 이론적 기초와 과제』, 서울: 통일연구원, 2003.

서정경, "부시행정부 이후 중국을 둘러싼 한미동맹의 안보딜레마," 『국방연구』, 제48권 제2호(2005)

송택구, 『민주주의론』, 서울: 형설출판사, 1989.

신동혁, 『세상 밖으로 나오다 : 북한 정치범수용소 완전통제구역』, 서

울: 북한인권정보센터, 2007.
우정, 『북한사회구성론』, 서울: 진솔북스, 2000.
통일부, 『대한민국의 평화와 번영, 국민과 함께 지키겠습니다 : 북한 핵실험 이후 대북정책 설명자료』, 서울: 통일부, 2006.
통일부, 『평화를 향한 질주 4년 : 숫자로 보는 대북정책 성적표-참여정부 4년 대북정책 성과』, 서울: 통일부, 2007.
통일부, 『참여정부 3년, 평화번영정책 성과』, 서울: 통일부, 2006.
통일정책실 정책2담당관실, 『참여정부의 평화번영정책』, 서울: 통일부, 2003.
정경환, "김대중 정부 대북정책의 문제점과 개선방향," 『21세기 정치학회보』, 제9집 2호, 21세기 정치학회, 1999.
정경환, "김대중 정부의 대북정책 평가와 향후 과제," 『통일전략』, 제2권 제2호, 한국통일전략학회, 2002.
정경환, 『민족분단과 통일문제』, 부산: 신지서원, 2002.
정경환, "북한 핵실험의 기본성격과 우리의 대응," 『통일전략』, 제6권 제2호, 한국통일전략학회, 2006.
정경환, "북한핵문제의 기본인식과 실체적 대응," 『통일전략』, 제5권 제1호, 한국통일전략학회, 2005.
정경환, "신정부 대북정책의 원칙과 방향," 『통일전략』, 제3권 제1호, 한국통일전략학회, 2003.
정경환, "통일문제의 기본인식과 대북정책 방향," 『통일전략』, 창간호, 한국통일전략학회, 2001.
정만수, 『북한핵의 정체 : 김정일 핵실험 왜 했을까?』, 부산: 이경, 2007.
조민, 『한반도 평화체제와 통일전망』, 서울: 해남, 2007.
조성렬, "특별기획 노무현 2003-2008, 빛과 그림자 : 외교·안보," 『신동아』, 2008년 2월호.
조성렬, 『한반도 평화체제』, 서울: 푸른나무, 2007.
평화기획연구실(편), 『한반도평화체제 : 자료와 해제』, 서울: 통일연구원, 2007.

황장엽, 『개인의 생명보다 귀중한 민족의 생명』, 서울: 시대정신, 1999.

『국민일보』, 2005년 4월 18일자.
『동아일보』, 2003년 2월 26일자.
『동아일보』, 2004년 11월 18일자..
『동아일보』, 2005년 4월 29일자.
『동아일보』, 2005년 6월 27일자.
『동아일보』, 2006년 11월 3일자.
『동아일보』, 2007년 10월 6일자.
『동아일보』, 2007년 10월 12일자.
『동아일보』, 2007년 12월 29일자.
『동아일보』, 2008년 1월 2일자.
『문화일보』, 2006년 5월 10일자.
『문화일보』, 2006년 11월 18일자.
『문화일보』, 2006년 12월 11일자.
『문화일보』, 2007년 4월 25일자.
『문화일보』, 2007년 10월 12일자.
『서울신문』, 2007년 10월 13일자.
『조선일보』, 2004년 11월 18일자.
『조선일보』, 2005년 3월 23일자.
『조선일보』, 2007년 1월 2일자.
『조선일보』, 2007년 3월 27일자.
『조선일보』, 2007년 10월 8일자.
『조선일보』, 2007년 10월 12일자.
『조선일보』, 2007년 10월 13일자.
『조선일보』, 2007년 10월 15일자.
『조선일보』, 2007년 10월 25일자.
『조선일보』, 2007년 11월 2일자.
『중앙일보』, 2004년 11월 15일자.

『중앙일보』, 2005년 4월 14일자.
『중앙일보』, 2006년 6월 7일자.
『중앙일보』, 2006년 6월 26일자.
『중앙일보』, 2006년 12월 8일자.
『중앙일보』, 2007년 10월 15일자.
『중앙일보』, 2007년 10월 12일자.
『중앙일보』, 2006년 11월 3일자.
『한국일보』, 2007년 10월 13일자.
『해럴드경제』, 2004년 11월 18일자.

Kim, Kyuryoon, New Linkages of Northeast Asian Regional Cooperation, Seoul: Korean Institute for National Unification, 2007.

Hawk, David., The Hidden Gulag(Washington D.C.; U.S. Committee for Human Rights in North Korea. 2003)

Galtung, Johan., "Violence, Peace, and Peace Research," Journal of Peace Research, No.6(1969).

Laski, Horold J., Liberty in the Modern State, 김학준(역), 『(수정증보판) 래스키 : 현대국가에 있어서의 자유』(서울: 서울대학교출판부, 2007)

http://www.president.go.kr/cwd/kr/archive/archive_view.php?meta_id=inter_korean_summit&id=53d 71f9 2a2688074361ff60d(검색일:2007년 10월 12일).

http://www.state.gov/g/drl/rls/hrrpt/2006/78777.htm(검색일: 2008년 1월 2일)

최종철·박영준·한용섭, "한미동맹의 당위성 연구," http://rinsa.kndu.ac.kr/board/pds/2005812151216.pdf(검색일: 2006년 3월 12일).

〈Absract〉

A Study on the Reforming Direction and Failing Points of Policy toward North Korea in No-Moo Hyun regime

Chung, Kyung-Hwan (Dong-eui University)

This study is to introduce the direction of our policy toward North Korea after analysing closely controversial points of policy toward North Korea in No-Moo hyun regime. By succeed to Kim-Dae Jung's Sunshine policy, No-Moo Hyun regime had developed a embracing policy toward North Korea. Consequently, a embracing policy toward North Korea in the two leftist No, Kim regime ended in failure reforming the arbitrary North Korea. It brought about the nuclear testing in spite of the global's opposition. I shall analyse No-Moo hyun regime's policy toward North Korea not by personal emotion but by cool knowledge helping the creation of unifying nation. The failure of No regime's policy toward North Korea was due to the knowledge against the North. It is as follows; I say an optimistic view in North Korea an aspect conforming the North and the mistaking outlook on international politics. The policy measuring North Korea of No regime produced many failing points. A first point is the only cling to appeasement policy toward the North. A second is lacking in understanding freedom as a premise of peace. A third points is insensible knowledge on the importance of Korean-American alliance. A fourth problemetic aspect is false knowledge on the essence of North Korea. Lastly, it is promoting two divided situation.

Key Words : No-Moo Hyun regime, policy toward North Korea, the knowledge against the North, the theory of

balancing Northeast Asia, Korean-American alliance, peace, freedom

제2장 노무현 정부의 '동북아 균형외교 정책' *

조 경 근**

〔국문요약〕

'동북아 균형자론'으로 불리는 '동북아 균형외교 정책'은 노무현 참여정부 5년간의 외교정책의 근간이었다. 정책의 수행은 물론 개념화와 수립에 있어서도 미완으로 끝난 '동북아 균형자론'은 아마도 해방이후 처음으로 외교정책의 근간에 대한 일대 논쟁을 불러 일으켰다. 주류 국제정치학자들 대부분은 이 새로운 외교정책 노선에 심각한 우려와 함께 유의미한 비판을 가했고, 참여정부의 전문가들과 일단의 국제정치학자들은 이 같은 정책 전환의 시기적 적절성과 필요성을 여러 측면으로 강변했다. '동북아 균형자론'이 개념적, 이론적으로 논리적 정교성을 가지고 있지는 못하다고 해도, 해방이후 한번도 발전적 변화를 모색해본 적이 없는 한국 외교의 현실에서 볼 때 가치 있는 시도였으며, 이를 통해 동북아와 국제정치 현실 속에 처해있는 한국의 위치를 보다 철저히 돌아보게 하는데 기여한 것으로 판단된다. '동북아 균형자론'을 비판만 할 것이 아니라, 그 장단점을 잘 따져 이제부터라도 우리의 국익을 보다 체계적으로 설정하고 실용적 수단을 강구해나가는 의미 있는 출발점으로 삼아야 한다. 이런 맥락에서 이 논문은 '동북아 균형자론'의 등장과 전개를 정리하고, 그 주요 논쟁점들을 '균형자'의 개념과 논리 논쟁, 세계 10위 경제력과 '연성권력' 논쟁, 한미동맹과의 양립성 논쟁의 세 가지로 구분하여 비판적으로 고찰한 후, 이 논쟁의 과정과 내용이 주는 교훈을 결론에서 정리했다.

주제어: 동북아 균형자론, 참여정부, 외교정책, 연성권력, 동북아

---

* 이 논문은 2008학년도 경성대학교 학술연구비지원에 의하여 연구되었음.

** 경성대학교.

I. 서론

이 논문은 노무현 정부의 외교정책의 근간을 이루었던 '동북아 균형외교 정책' 혹은 '동북아 균형자론'을 분석하여 한국외교의 오늘에 필요한 교훈을 얻는데 목적을 두고 있다. 여기서의 교훈이란 잘한 것과 잘못한 것 모두로부터 얻어지는 교훈을 말한다. 이러한 목적을 위해 먼저 이어지는 절(節)에서는 노무현 대통령에 의한 '동북아 균형자론'의 등장과 참여정부 관계자들에 의해 수정, 보완된 내용들을 정리하고자 한다. 그리고 III절에서는 이른바 '동북아 균형자론' 논쟁을 비판적 관점에서 고찰하고, IV절에서는 이것이 한국외교에 주는 교훈들을 살펴볼 것이다.

II. '동북아 균형자론'의 등장과 전개

노무현 대통령의 '동북아 균형자론'과 관련한 발언이 처음으로 시작된 것은 그의 대통령 후보시절인 2002년 9월 유럽연합 기자단과의 간담회 자리였다.[1] 그는 이 자리에서 '동북아 평화 중심국가의 실현'을 천명하고 "미·중·일·러 등 동북아 4강 사이의 평화를 중재하고 주도하겠다."고 밝혔다. 이것이 2005년에 등장한 '균형

1) 이하 2005년 3월 동북아시대위원회 등장까지의 개관은 http://news.chosun.com/site/data/html_dir/2008/01/26/200801260011 5.html(검색일: 2008. 2. 11) 참조.

자론'의 출발이었다.

2003년 2월말, 노 대통령은 임기 시작과 함께 '동북아 중심국가'의 건설을 위해 '동북아중심국가추진위원회'를 구성하려고 했다. 그러나 '중심국가'라는 패권적 표현 대신 '경제중심'을 사용하여 '동북아경제중심추진위원회'를 만들었다.[2] '동북아 중심국가'에 대한 노 대통령의 높은 관심은 대통령취임사에 '동북아'라는 표현이 18번, 같은 해 8·15 경축사에 22번 나오는 데서도 잘 알 수 있다. 노 대통령은 '동북아경제중심추진위'에 재경, 통일, 외교, 문화, 산자, 정보통신, 건교, 해양수산, 예산처 등 국무위원 9명을 위원으로 참여시키고, 금융 물류에 외자유치, 남북경협 업무에 관한 총괄조정기능을 맡겼다. 그리고 노 대통령은 임기 첫 해인 2003년 한 해 동안 이 위원회와 관련한 국정과제회의만 8차례를 주재했다.

그러나 '동북아경제중심추진위'는 불확실한 개념,[3] 지나치게 광범위한 업무, 그리고 재경부, 산자부, 균형발전위 등 다른 부서와의 갈등 속에서 결국 같은 해 7월 경제중심 업무를 '경제자유구역위원회'에 넘기고, 다음 해인 2004년 6월에 명칭을 '동북아시대위원회'로 바꿨다. 그리고 9월에는 외자유치 업무를 각 부처에 넘기고, 2005년 3월에는 안보정책 기획 업무를 제외한 모든 기능을 국민경제자문위에 넘겼다. 즉, 이 논문이 분석의 대상으로 삼으려는 '동북아 균형외교 정책' 혹은 '동북아 균형자론'의 주체이자 주

---

2) '동북아 경제 중심국가 건설'은 〈참여정부 12대 국정과제〉의 하나였다. http://www.president.go.kr/cwd/kr/government/ agenda_05.php?m=5(검색일: 2008. 2. 11).

3) 대통령자문정책기획위원회는 2003년 7월에 이미 동북아위에 대해 "개념조차 제대로 정립돼 있지 않다."고 평가한 일이 있었다. http://news.chosun.com/site/data/html_dir/2008/01/26/20080126 00115.html(검색일: 2008. 2. 11).

관자인 안보정책 기획 업무의 '동북아시대위원회'가 2005년 3월부터 본격 가동된 것이다.

<표 1> 노무현 대통령의 '동북아 균형자' 관련 발언(2005년)

일자	연설명	발언 내용
2.25	취임 2주년 국회 국정연설	"우리 군대는 스스로 작전권을 가진 자주군대로서 동북아시아의 균형자로서 동북아 지역의 평화를 굳건히 지켜낼 것"
3.1	3·1절 기념사	"새계에 손색이 없는 민주주의와 경제발전을 이루고 스스로를 지킬만한 넉넉한 힘을 가지고 있습니다. 동북아의 균형자 역할을 할 수 있는 국방력을 키워가고 있습니다."
3.8	공군사관학교 제53기 졸업식	"이제 우리 군은 한반도뿐만 아니라 동북아시아의 평화와 번영을 지키는 것을 목표로 하고 있습니다. 동북아시아의 세력균형자로서 이 지역의 평화를 굳건히 지켜낼 것입니다. ----(중략)---주한미군은 한반도의 평화와 안정을 위해서 매우 중요하고, 앞으로도 지속적인 역할을 해나갈 것입니다. 그러나 분명한 것은 우리의 의지와 관계없이 우리 국민이 동북아시아의 분쟁에 휘말리는 일은 없다는 것입니다. 이것은 어떠한 경우에도 양보할 수 없는 확고한 원칙으로 지켜

		나갈 것입니다.”
3.22	육군 제3사관학교 제40기 졸업식	“이제 우리는 한반도뿐만 아니라 동북아시아의 평화와 번영을 위한 균형자 역할을 해나갈 것입니다. 따질 것은 따지고 협력할 것은 협력하면서 주권국가로서의 당연한 권한과 책임을 다해 나가고자 합니다. 앞으로 우리가 어떤 선택을 하느냐에 따라 동북아의 세력판도는 달라질 것입니다.”
3.30	외교부 업무보고 대통령 발언요지	“우리 외교는 동북아 질서를 평화와 번영의 질서로 만들기 위해 역내 갈등과 충돌이 재연되지 않도록 균형자 역할을 수행해야 할 것 ---(중략)--- 이를 위해서도 한·미동맹을 확고히 견지해 나가는 것이 필요”

출처: 황병덕, 『동북아 정세변화와 한국의 동북아 균형자 역할 연구』 (서울: 통일연구원, 2006), p. 97의 <표 IV-1>.

2005년 3월 안보 중심의 ‘동북아시대위원회’의 새로운 시작은 같은 해 3월 22일에 있었던 노무현 대통령의 육군 3사관학교 제40기 졸업 및 임관식 연설문의 내용과 맥락을 같이한다. 노 대통령은 이 자리에서 “이제 우리는 한반도뿐만 아니라 동북아시아의 평화와 번영을 위한 균형자 역할을 해나갈 것”이라고 밝혔다. 불안정한 동북아 정세에서 안정과 평화 보장의 질서를 형성하는 데 한국이 적극적인 역할을 수행하겠다는 것이었다. 〈표 1〉은 2005년 3월을 전후하여 노 대통령이 ‘동북아 균형자’에 관련해 발언한 내용을 정리한 것인데, 노 대통령은 이보다 몇 달 전인 2004년 12

월 프랑스 소르본느 대학 강연에서도 균형자론을 언급한 바 있고, 균형자론 또는 균형외교론은 2004년 하반기 부터 외교안보 참모진 내에서 논의되었던 것으로 알려져 있다.[4)]

2004년 6월부터 동북아시대위원회 위원장을 맡은 문정인 위원장은 2005년 3월 30일 NSC 사무처의 청와대 브리핑을 통해, 노 대통령의 '균형자' 발언을 보완하고자 했다.[5)] 문 위원장은 "참여정부의 동북아 균형자론은 열강의 패권경쟁의 장이었던 근대 한국사에 대한 통절한 반성과 동북아 평화 번영이라는 미래 비전이 현재의 종합적 국가역량과 융합되어 제시된 전략이라고 할 수 있다"라고 '동북아 균형자론'을 개관하면서, '동북아 균형자'를 불안정하고 불투명한 동북아 질서 속에서 "역내 국가 간에 조화를 추구하고 평화번영을 촉진하는 주체로서의 역할"이라고 정의했다.

또한, 그는 한중일 3국 관계를, 냉전기 진영외교와 상호 대결의 틀에서 벗어나, 협력과 통합의 질서를 통해 동북아 공동번영을 성취하기 위한 숙명적 동반자 관계로 인식하는 사고 전환이 필요하다고 강조하면서, 참여정부가 동북아 균형자론을 전략으로 제시할 수 있는 근거로서 한국의 종합적 국가역량을 제시했다. 즉, "우리는 전쟁을 추구해 본 적이 없는 전통적 평화세력으로 누구보다도 떳떳하게 지역평화를 말할 수 있다. 이미 세계 10위권의 중견 경제력을 확보하고 있고, 자위적 국방역량과 안보협력을 확충해가고 있으며, 한반도 평화정착의 중심세력으로서 역할을 하고 있다. 지

4) "이종석 NSC 사무차장 인터뷰," 『중앙일보』, 2005. 4. 14.

5) 이하 문위원장의 설명에 대해서는 "평화의 균형자, 새로운 동북아시대를 여는 참여정부 구상," 청와대 브리핑, 2005.03.30. http://www.president.go.kr/cwd/kr/search/t_search.php?cc1=&cc4=&cc5=&cc6=&keyword=%BE%C6%BD%C3%B4%EB&sel _type=1(검색일: 2008. 2. 11).

속적으로 증진돼온 역내 국가와의 호혜협력 관계도 균형자 역할을 가능하게 하는 외교적 기반이 되고 있다"고 주장했다.

그리고 문 위원장은 한미동맹에 대해서, "참여정부는 균형자 역할을 수행하는 과정에서 한미동맹을 기본 토대로 삼는다. 동북아 균형자론이 마치 기존 한미동맹을 부정하고 이완시킨다는 일부의 주장은 잘못된 것이다. 공고한 한미동맹을 바탕으로 동북아 평화 번영의 시대를 앞당기겠다는 것이 참여정부의 구상이다. 장차 한미동맹은 상호협력을 통해 경제 및 안보공동체를 지향해나가는 동북아의 미래와 병행 발전할 것이다"고 지적했다.

그러나 문 위원장의 이러한 보완이 노 대통령의 '균형자론'에 대한 견고한 뒷받침이 되지를 못했고, 오히려 '균형자론'에 대한 비판을 본격화시켰다. '시대착오적 발상,' 심지어는 '과대망상적 발상'이라는 비판까지 제기되었다.

문 위원장은 2005년 4월 11일 한 일간지에의 특별 기고에서, 3월 30일 청와대 브리핑 '균형자론'의 미진한 부분을 보완하고자 했다.6) 첫째, 균형자론의 한미동맹 부분과 관련하여, "장차 한미동맹은 상호협력을 통해 경제 및 안보공동체를 지향해나가는 동북아의 미래와 병행 발전할 것이다"라고 막연하게 표현했던 부분을 '다자안보협력'의 개념에 연계시켰다. "한국은 당시의 영국과 같이 동북아의 세력 균형에 결정적 영향을 미칠 국력도 없을 뿐 아니라 균형자 역할을 통해 역내 세력 균형을 주도하거나 우위를 점하려는 의도도 없다. 한국이 동북아의 평화와 공동 번영을 위해 추구

---

6) 문정인. "〔노무현 '신 외교' 어떻게 볼 것인가〕 〈1〉 동북아 균형자 역할론." 『조선일보』, 2005. 4. 11. http://www.chosun.com/svc/content_view/content_view.html?contid=200504117030 (검색일: 2008. 2. 11).

하는 대외정책은 영국식 세력 균형정책이 아니라 오히려 모든 주변국과의 신뢰 구축을 통해 역내에 다자간 안보 협력 질서를 모색하는 정책이다"라고 밝혔다.

둘째, "한국은 균형자 역할을 할 수 있는 역량이 아직은 없다"라는 비판에 대해서는, 기존 "이미 세계 10위권의 중견 경제력을 확보하고 있고, 자위적 국방역량과 안보협력을 확충해가고 있으며"라고 주장했던 부분을 '연성권력'에 연계시켜, "균형자론은 또한 과대망상적 발상이 아니다. 한국이 19세기 영국과 같은 패권적 균형자가 될 수 없다는 것은 자명하나, 그렇다고 구한말과 같이 미미한 약소국가도 결코 아니다. 무엇보다도 한국은 동북아 평화의 균형자 역할을 수행하기 위해 필요한 연성국력(soft power)을 보유하고 있다. 역사상 한 번도 주변국을 침략하지 않은 평화 애호국으로서, 그리고 동북아의 지정학적 중심을 점하고 있는 가교국가로서 우리는 동북아의 어느 다른 나라보다 사심 없고 공정하게 화해와 협력을 위한 사업들을 제안하고 주도할 수 있는 위치에 있다"라고 주장했다.

그러나 문 위원장의 설명은 오히려 더 큰 비판과 '동북아 균형자론' 논쟁을 유발했다. 노무현 정부의 '동북아 균형자론'은 개념의 엄밀성이나 이론의 체계성을 갖추지는 못했지만, 하나의 새로운 외교정책 시도라는 긍정적 측면을 가지고 있다. 그리고 이러한 시도는, 많은 비판에도 불구하고, 한국 외교정책의 나아갈 길에 대해 진지하게 생각하고 토론할 수 있는 논쟁의 기회 또한 제공했다. 초미의 국가이익이 달린 외교정책에 설익은 시도가 가당한 것인가라는 또 다른 비판이 가능하겠지만, 이왕에 시도된 새로운 정책을 여러 각도에서 분석, 비판하여 유용한 교훈을 얻을 수 있다면 부정적으로만 볼 것은 아니라고 하겠다. 다음 장에서는 교훈

추출을 위해 '동북아 균형자론'의 주요 논쟁점들을 분석하고자 한다. '동북아 균형자론'이 개념 및 이론적 미비에 시달렸지만, 이에 대한 국제정치학적 고찰은 한국의 외교정책이 나아갈 방향에 대해 유의미한 가이드라인을 제시해 줄 것으로 본다.

III. '동북아 균형자론' 논쟁: 비판적 고찰

'동북아 균형자론'의 주장과 비판에는 참여정부에 몸을 담은 학자 출신 관료를 포함한 국제정치학자들이 개입해 있다. 이 논쟁은 여러 하부 쟁점들을 둘러싸고 벌어졌는데 그 중 중요한 것은 세 가지다. 첫째, '균형자'의 중요성에 대한 것이다. 즉, 세력균형이 균형자가 존재해야 가능한 것인가, 균형자는 어떤 국제적 질서(여건) 속에서 존재 가능하며 기능하는가 등에 대한 논쟁이다. 둘째, 동북아 균형론자들이 말하는 한국의 세계 10위의 경제력과 '연성권력'이 균형자의 역할을 담당할 수 있는 수준인가, '연성권력'은 과연 유용한가에 관한 것이다. 셋째, '동북아 균형자론'이 한미동맹과 양립할 수 있는가 그리고 같은 맥락에서 다자안보 협력체는 가능한가 등에 대한 것이다.

1. '균형자' 개념과 논리 논쟁

황병덕은 오르겐스키(A. F. K. Organski), 패델포드(N. J. Padelford), 왈츠(Kenneth N. Waltz) 그리고 클로드(I. Claude) 등의 주장을 인용하면서 '균형자'에 대해 상반된 견해를 소개하고 있다. 상반된 견해의 주된 대립점의 하나는 균형자의 중요성이다. 여기에는 세 가지의

서로 다른 견해가 있다. 첫 번째는 세력균형이 균형자가 노력해서 얻는 의도적 정책 산물이라고 보는 견해다. 이 견해에 따르면 균형자는 다양한 정책들을 통해 인위적, 적극적으로 세력균형을 형성, 유지하는 주체가 된다. 두 번째는 이에 반대되는 견해로서 세력균형은 아담스미스의 보이지 않는 손의 메카니즘처럼 자동적으로 얻어지기 때문에 균형자의 역할은 불필요하다고 본다. 마지막 세 번째는 절충적 견해로서 세력균형이 상당 정도 스스로의 메카니즘에 의해 작동하지만 위협요인이 등장하면 균형자가 부가적인 힘을 발휘함으로써 세력균형이 복원된다고 주장한다.[7)]

이 세 가지 견해 중 어느 것이 옳은지에 대한 정답은 없다. 다만, 다수의 학자들이 동의하는 견해는 클로드의 절충적 시각이다. 영국은 유럽대륙에서 세력균형이 깨어질 때, 그 유지내지 복원을 위해 균형자의 역할을 했다. 1900년대 초, 독일의 국력이 갈수록 막강해지는 반면 이를 견제하던 프랑스·러시아동맹의 러시아가 러일전쟁에서 패하자 영국은 프랑스, 러시아 양국과 각각의 동맹을 체결하고 독일의 패권을 저지하기 위한 3국협상(Triple Entente)을 구축했다. 2차대전 당시 미국의 아시아 지역 개입도 이 지역에서 일본이 패권국으로 등장하는 것을 저지하기 위한 세력균형의 조처로 볼 수 있다는 것이다.

따라서, 균형자라는 개념이 아예 성립되지 않는다고 말하는 것은 비현실적이다. 그러므로 오히려 보다 첨예하게 대립될 수 있는 논점은 2005년 이후 지금의 동북아 질서가 균형자를 요구하는 조건 혹은 최소한 허용하는 조건들을 가지고 있느냐하는 것이다.

동북아 국제질서는 2차대전 이후 형성된 한국, 미국, 일본의 남

7) 황병덕, 앞의 책, pp. 29-31.

방 삼각 안보협력 대 북한, 중국, 소련의 북방 삼각 안보협력이 양극으로 대립하면서 균형을 이루어왔다. 그러나 1990년대에 들어선 이후 동북아는 탈냉전기의 미국 일방 주도의 영향력아래 있다가 지금은 중국의 부상과 함께 점차 미국 대 중국의 비대칭적(asymmetric)이지만 양극적 성격을 지닌 질서로 변모하는 양상을 보이고 있다. 이것은 존 미어셰이머(John J. Mearsheimer)[8]가 말하는 '불균형적 양극체제' (Unbalanced Bipolarity)에 해당한다. 미어셰이머는 국제체제를 불균형적 양극체제, 균형적 양극체제, 불균형적 다극체제, 균형적 다극체제로 구분하면서, 불균형적 양극체제는 균형상태가 아니므로 오래 지속될 수 없고 따라서 실질적 의미에서 존재의 가능성이 크지 않다고 주장했다.[9] 이같은 미어셰이머의 판단에 따를 경우, 동북아는 중국이 실질적 초강대국으로 등장하여 미중 양국간 균형적 양극체제가 성립되거나 아니면 미국이 중국의 패권가능성을 봉쇄하는데 성공하여 미국 우위의 질서를 회복, 유지하는 상태가 오게 될 것이다.

이런 판단과 예측을 전제한다면, 한국이 노 대통령이 말한 균형자의 역할을 할 수 있는 여지는 크게 줄어든다. 동북아 질서의 균형은 앞으로 상당 기간 동안 결국 미국 혹은 미중에 의해 이루어지는 것이지, 일본도 아닌 한국에 의해 중요한 영향을 받을 가능성은 낮은 것이다. 노 대통령이 국제정치학 전문가가 아니기 때문에 그의 발언을 이론적으로 따질 수는 없다. 그러나 적어도 그의 초기 발언은 현실적이 아님을 알 수 있다. 노 대통령은 외교안보정책 논쟁을 불러일으켰던 '동북아균형자론'의 진원지인 2005년 3

---

8) John J. Mearsheimer, *The Tragedy of Great Power Politics*(New York, NY: Norton, W. W. & Company, Inc., 2003) 참조.

9) 위의 책, pp. 360-402.

월 22일 육군 3사관학교 졸업식 연설에서 다음과 같이 말했다.

> 어떠한 상황에서도 우리 스스로를 지킬 수 있는 강력한 힘이 있어야 합니다... 그래야만 우리의 가치와 자존심을 지킬 수 있습니다. 이미 우리 국군은 누구도 넘볼 수 없는 강력한 군대로 성장했습니다. 경제력도 세계 열 손가락에 꼽힐 만큼 커졌고, 그리고 정치적으로 당당한 민주주의의 나라로 대접받고 있습니다.... 이제 우리는 한반도뿐만 아니라 동북아시아의 평화와 번영을 위한 균형자 역할을 해나갈 것입니다. 따질 것은 따지고 협력할 것은 협력하면서 주권국가로서의 당연한 권한과 책임을 다해나가고자 합니다. 앞으로 우리가 어떤 선택을 하느냐에 따라 동북아의 세력판도는 달라질 것입니다.

즉, 요지는 '강력한 힘'을 가진 '주권국가'로서 '동북아의 세력판도'를 달라지게 할만한 '균형자 역할'을 하겠다는 것인데, 과연 한국이 그런 균형자가 될 수 있는가, 동북아의 질서가 한국의 균형자 역할을 허용할 수 있는 상태인가라는 점에 대한 의문인 것이다. 이런 노 대통령의 '균형자론'이 비현실적인 것임은 참여정부에 몸을 담은 정치학자들에 의해 곧 이루어진 개념 수정 및 보완에 의해 오히려 역설되었다고 하겠다.

문정인 동북아시대위원장은 "열린 외교를 통해 이 지역의 고질적 갈등과 불협화음을 조율하고 협력과 통합의 새 질서를 만들어 보겠다는 것이 바로 균형자론의 요체이다," "이는 '힘의 균형'이 아니라 상호 대립하는 국가들 간의 '인식과 가치의 균형과 조정'을 통해 역내 평화를 모색하자는 것이다"라고 했고, 조선일보 특별 기고를 통해 동북아 균형자라는 것이 "한·미동맹을 깨고 한·미·일 삼각 공조에서 탈피하여 북한, 중국 편을 드는 정책이 아니라 이 같은 사태 발전을 사전에 방지하고 동북아에 협력과 통합의 새 질서

를 구축하자는 예방외교의 개념"이라고 말했다.10)

'열린 외교,' '인식과 가치의 균형과 조정' 그리고 '예방외교'라는 개념까지 동원된 것이다. 그러나 이러한 수정, 보완은 노 대통령의 균형자론을 명쾌하게 만들기보다는 오히려 더 애매하게 만들었고 국제정치학자들에게 더욱 신랄한 비판의 기회를 주었다.

김선혁은 "아무튼 '동북아균형자론'이 국내 '주류' 국제정치학자들, 그리고 보수적 논객들의 샌드백이 되어 흠씬 얻어맞고 힘없이 매달려 있는 마당에 그에 대한 또 다른 비판으로 소중한 지면을 낭비할 의도는 없다. 다만 '평화 촉진자,' '평화 기획자,' '협력 조정자,' '협력 매개자' 등 훨씬 더 좋은 개념들이 사방에 널려 있었음에도 불구하고 '균형'이라는 신현실주의적 개념을 선택하여 현 정부의 신외교안보구상이 국내 '주류' 국제정치학자들의 공격과 질타, 보수적 지식인들의 조소와 희롱의 대상이 되어 소모적 논쟁 끝에 결국 희화화되어 버린 것은 현 정부의 외교안보정책을 개발·지지·후원하고 있는 인사들의 이론적 무지를 적나라하게 보여주는 현실인 것 같아 안타깝다"라고 적었다.11)

문 위원장은 또한 균형자 역할의 지향점으로 '다자안보체제'를 제시했다. 상기한 기고문에서, "한·미동맹을 보다 포괄적인 동맹으로 발전시키면서 이를 기반으로 동북아에도 유럽과 같은 집단방위체제와 다자안보체제를 동시에 구축하자는 것이다"라고 주장했다. 이는 황병덕의 구분에 따르면 '대립적 균형자'와 '협력적 균형자' 중 후자에 속한다.12) 대립적 균형자의 역할을 하려면 효과적 영

10) 문정인, "〔노무현 '신 외교' 어떻게 볼 것인가〕 〈1〉 동북아 균형자 역할론," 앞의 글.

11) 김선혁, "동북아 균형자론과 한미동맹," 『정책보고서』 (서울: 코리아 연구원, 2005).

향력으로 전환할 수 있는 상당한 수준의 군사력을 보유하고 있어야 한다. 그래서 문 위원장도 "한국의 균형자 역할이란 19세기 세력 균형을 통해 유럽의 패권을 추구했던 전통적 의미의 영국적 균형자론을 의미하는 것이 결코 아니다"라고 밝혔다. 이에 비교한다면, 협력적 균형자는 그러한 수준의 군사력 보유가 전제 조건이 아니다. 소극적으로 말해서 다자안보의 틀을 만드는데 참여할 수 있으면 된다. 한편, 적극적인 의미에서는 다자안보 체제를 구축하는데 지배적(dominating) 혹은 주도적(leading) 역할을 할 수 있는 외교 혹은 중재력이 있으면 된다.

동북아 4강의 군사력이 한국의 군사력을 압도하는 현재의 상황에서, 그리고 앞으로 한국이 군사력 증강에 심혈을 기울인다 해도 4강의 군사력을 따라잡기가 사실상 불가능하다는 점에서 문 위원장은 노 대통령의 '균형자론'을 수정, 보완하려했다고 하겠다. 그러나 여전히 심각한 문제점이 남는다. 첫째, 동북아에서 여전히 주도적 위치를 점하고 있는 미국이 이 지역에 다자안보체제를 구축할 의사가 별로 없다는 점이다. 둘째, 다자안보체제의 구축이 시도된다고 해도 4강의 누구도 한국에게 주도적 역할을 나누어 줄 의사가 없다는 점이다.

요컨대, 국제정치학에서 말하는 '균형자'는 개념적으로도 현실적으로도 동북아의 한국에게 아직은 해당되지 않는다고 보는 것이 사실에 가깝다. 다만, '균형자' 개념을 앞으로 보다 정교하고 세련되게 구상한다면 동북아의 안전과 평화를 위해 할 수 있는 긍정적 역할은 있다. 그 중 중요한 것이 남북 화해·협력 관계의 진전이다. 한국이 4강을 우리의 의도대로 움직여 가는 것은 수월치 않

12) 황병덕, 앞의 책, pp. 34-45.

다. 그러나 북한과의 관계를 국제정치 내지 국제정치학의 건전하고 건설적인 교훈 위에서 실질적으로 탈냉전화 시킨다면 그 자체가 한반도에 평화를 정착시키는 역할이 될 것이고 나아가 동북아에 안전과 평화를 구축하는데 기여하는 것이 될 것이다. '평화 촉진자' 혹은 '협력 매개자'의 역할은 가능하면서 바람직한 것이다. 이런 점에서, 균형자론을 이해하는 입장에서 김기정이 제시한 균형외교 성격으로서의 동북아 안정의 촉진자(facilitator), 갈등의 조정자(mediator), 국제적 아젠다 창안자(initiator) 등의 개념은 국제정치학계가 한 걸음 나아간 새로운 논쟁의 출발점으로 삼을 수 있을 것이다.13)

(2) 세계 10위 경제력과 '연성권력' 논쟁

세계 10위 경제력과 '연성권력'을 둘러싼 논쟁은 문 위원장의 다음과 같은 발언에서 촉발되었다.

> 균형자론은 또한 과대 망상적 발상이 아니다. 한국이 19세기 영국과 같은 패권적 균형자가 될 수 없다는 것은 자명하나, 그렇다고 구한말과 같이 미미한 약소국가도 결코 아니다. 무엇보다도 한국은 동북아 평화의 균형자 역할을 수행하기 위해 필요한 연성국력(soft power)을 보유하고 있다. 역사상 한번도 주변국을 침략하지 않은 평화 애호국으로서, 그리고 동북아의 지정학적 중심을 점하고 있는 가교국가로서 우리는 동북아의 어느 다른 나라보다 사심 없고 공정하게 화해와 협력을 위한 사업들을 제안하고 주도할 수 있는 위치에 있다.14)

13) 김기정, "21세기 한국 외교의 좌표와 과제: 동북아 균형자론의 국제정치학적 의미를 중심으로," 『국가전략』, 제11권 4호(세종연구소, 2005), pp. 159-160.

14) 문정인. "〔노무현 '신 외교' 어떻게 볼 것인가〕 〈1〉 동북아 균형자 역할론." 앞의 글.

그리고 동북아 균형자론을 적극 옹호하는 한 자료는 '균형자 역할을 수행할 수 있는 국력이 있는가?'라는 자문에 대해, "균형자 역할이란 단순한 국방력을 의미하는 것이 아니라 종합적인 국가 역량을 보유하였는가의 문제"라고 전제하고, 국방력 외에, "세계 10위의 경제력은 자위적 국방력을 뒷받침할 수 있는 가장 확실한 자산임(경제력), 우리는 통합과 화해를 확산시킬 수 있는 정치적, 외교적 조정력을 가지고 있으며 한류로 대표되는 문화적 친화력 등 소프트 파워가 있음(통합력), 우리는 전통적인 평화세력으로서 도덕적 정당성과 외교력을 가지고 있음(도덕력)"이라고 적고 있다. 또한 같은 자료는 '동북아 균형자 역할론은 대륙으로 가자는 메시지임'이라는 소제목 아래, "한미동맹에 근간을 둔 우리의 안보정책은 지난 반세기동안 이른바 편승(bandwagon)전략으로 대표적인 성공사례임. 다시 말해 친미파가 주도한 지난 반세기는 많은 모순에도 불구하고 성공적이었음. 하지만 탈냉전 이후 진영대립이 무너지고 경제교류가 확산되고 있는 동북아에서 세계 10위권의 경제력을 가진 한국의 대외정책이 한미동맹 한 가지라는 것은 너무 협소함. 일본이 미일동맹에만 매달려 주변국과 마찰을 야기하는 현실을 참조. 과제는 한미동맹을 동북아평화번영 시대에 맞는 협력체로 발전시키는 한편 과거 대립되어 왔던 중, 러와의 협력 강화임. 중국과는 곧 1천억 달러의 교역량에 달할 것으로 우리의 제1위 무역국으로 성장. 러시아는 에너지, 자원 개발과 북한문제 해결 등 수많은 협력과제가 있음"이라고 적고 있다.

동북아 균형론자들이 위의 두 가지 자료를 통해 강변하는 것과 관련한 논쟁점은 세 가지로 구분할 수 있다. 하나는 한국이 균형자 역할을 할 수 있는 경제력 그리고 연성권력을 가지고 있다는 사실의 천명이고, 다른 하나는 한국의 외교정책이 에너지와 자원

의 개발 및 확보를 포함한 경제력과 연성권력의 강화에 더욱 국가적 관심을 가져야 한다는 내재된 주장이다. 그리고 부가하여, 지금의 국제질서가 탈냉전적 특성을 지니고 있음을 강조하는 부분이다.

<표 2> 한국과 동북아 4강의 GDP

(US달러/10억)

	2000	2001	2002	2003	2004	2005	2006
한국	511.96	481.98	547.86	605.54	681.47	720.77	784.93
미국	9816.98	10127.95	10486.97	11004.05	11733.47	12438.87	13152.71
중국	1080.74	1175.72	1270.67	1416.60	1649.39	1843.12	2040.33
일본	4751.15	4165.40	3978.90	4299.74	4668.42	4799.06	4897.37
러시아	259.70	306.58	345.07	430.06	582.73	755.44	863.55

출처: IMF World Economic Outlook and EconStats. http://www.econstats.com/weo/indexglweo.htm (검색일: 2008. 2. 21).

<표 3> 중국의 2007년 교역량

(US달러/10억)

교역 국가	교역 규모	전년대비 상승률(%)
한국	159.9	19.1
미국	302.1	15.0
일본	236	13.9
러시아	48.2	44.3

출처: PRC General Administration of Customs, *China's Customs Statistics*
http://www.uschina.org/statistics/tradetable.html
(검색일: 2008. 2. 21).

동북아 균형론자들이 한국의 균형자 역할을 가능케 하는 요소로 제시한 경제력 및 연성권력에 대해 우선 지적되어야 할 사실은 국제정치에 있어서의 힘의 상대성이다. 현실주의자들이 인식하는 국제정치에서의 국가의 우려는 경쟁국 혹은 잠재적국이 얼마나 큰 힘을 가지고 있느냐(가지려고 하느냐)가 아니라, 나보다 더 큰 힘을 가지고 있느냐(가지려고 하느냐)이다.[15)]

한국의 경제력이 통계적으로 세계 10위라고 하지만, 〈표 2〉는 한국이 균형자 역할을 하려는 동북아 지역의 4강 중 GDP 규모가

15) 현실주의자들의 힘의 상대성에 대한 인식은 Joseph M. Grieco, "Anarchy and the limits of cooperation: a realistic critique of the newest liberal institutionalism," *International Organization* 42, 3(Summer), p. 494.

가장 작음을 보여준다. 2006년 GDP를 두고 볼 때, 노무현 정부가 말한 세계 10위의 우리 경제력은 우리가 균형자로서 우선적으로 상대해야 하는 미국의 6/100, 중국의 37/100에 불과하다. 그리고 2000년과 2006년 사이의 GDP 성장률을 비교할 때, 한국의 성장률 53%에 비해 중국은 189%를 기록하고 있다.

그리고 "중국과는 곧 1천억 달러의 교역량에 달할 것으로 우리의 제1위 무역국으로 성장"이라는 전망이 2007년에 이미 1천600억 달러로 달성되었지만, 미국과 일본에 비해 교역량의 규모는 작으며, 러시아에 비해 큰 규모이지만 교역 상승률을 두고 보면 러시아에 대해서도 절대 우위라고 말할 수 있는 상황은 아니다. 이렇게 놓고 볼 때, 경제력 규모와 중국과의 교역량 크기 등을 근거로 한국이 이제는 동북아에서 균형자의 역할을 할 수 있다고 말한 균형론자들의 주장은 설득력이 제한적일 수밖에 없다. 엄밀한 분석이 아니라 피상적인 식견에 바탕을 둔 주장임을 알 수 있다.

더불어 동북아에서의 소위 한류의 영향력도 언론의 보도보다는 제한적이며 중국의 경우 이에 대한 견제가 이미 본격화 되고 있다. 비단 중국뿐만 아니라 일본도 한류의 영향력이 자국의 이익에 부정적이라는 판단이 들면 이에 대한 국가적인 견제를 시작할 것이고, 일본의 민관관계의 역사적 특성을 볼 때, 이 견제는 한류의 영향력을 효과적으로 차단할 능력을 가진 것으로 보아야 한다. 한국방송영상산업진흥원이 2007년 6월에 발간한 자료에 따르면, "2007년 한국 방송영상물 해외 유통현황은 '혐한류,' '항한류' 국가를 중심으로 정체를 벗어나지 못하고 있음. 특히 중국의 경우, SARFT의 강력한 한류 제한 정책에 의해 드라마 장르의 확산에 어려움을 겪고 있으며, 일본이 경우 높은 가격으로 인해 한국 방송영상물 편성 방송사 수의 감소가 이루어지고 있음"이라고 현 상

황을 요약하고 있다. 특히 일본에서는 2006년부터 한국 드라마 수입이 급격히 감소하면서 한류의 열기가 식어가고 있고, 중국에 있어서도 한류가 침체기에 직면해 있다는 분석이 지배적이라고 지적하고 있다.[16)]

그 외에도 균형론자들은 한국의 민주주의 역량, 외교력, 의제설정능력, 문화역량 등이 신장되었다고 주장했지만, 그러한 역량 증대가 한국의 국제적 영향력을 결정적으로 바꾸어놓았다고 보는 학자는 없다고 해도 과언이 아니다. 그리고 도덕적 정당성이 국제사회에서 힘이 될 수 있다고 보는 것 또한 이상주의적 발상이다. 연성권력이 국제사회에서 차지하는 중요도가 높아지고 있지만 국제분쟁의 방지나 억제에 힘을 발휘할 수 있다는 증거는 없으며, 연성권력은 경성권력의 대체력이 되지 못한다.[17)] 특히 안보적 이해관계가 여전히 가장 중요한 동북아 지역에서 연성권력이 균형자 역할의 뒷받침이 될 수 있다고 보는 견해는 아직은 순진한 시각이다.

두 번째 부분으로 한국외교 정책이 경제력과 연성권력의 강화를 주된 목표의 하나로 삼아야 한다는 본 것은 시의적절하다. 특히 에너지, 자원 개발에 군사적 안보 못지않은 관심을 가져야 한다는 주장은 바람직하다. 노 대통령의 균형자론의 옹호자의 한 사람인 국회의원 이화영은 2006년 4월 11일 국회 259임시회 통일·외교·안보 분야 대정부 질문 자료를 통해 동북아균형자 논의를 에너지, 자원 개발로 넓혔다.[18)] 그는 "한반도를 극동 러시아의 막대한 자

16) 한국방송영상산업진흥원, 『2007 상반기 방송 한류 현황 분석』 KBI 포커스 07-13, 2006. 6. 30, pp. 2-3.

17) 장경룡, "동북아 균형자론," 『정치·정보연구』, 제8권 2호(한국정치정보학회, 2005), P. 71.

18) 이화영(열린우리당 국회의원), "상생과 협력의 동북아, 한반도의 新 대륙시대를 열어 갑시다," http://jungnang.or.kr/cgi-bin/

원과 에너지가 동북아 각국에 호혜적으로 공급되는 에너지 보급선이자 태평양과 유라시아 대륙을 잇는 가교로 발전시켜야 한다"는 소제목 아래, "극동러시아의 석유자원 개발과 에너지 공급망의 구축은 중동 원유에 의존하는 한중일의 에너지 편중구조를 시정하는데 도움을 줄 것이다. 특히 오염물질이 거의 없는 러시아의 천연가스를 파이프라인으로 공급하는 방안은 동북아에 청정에너지 벨트를 구축하는 효과를 가져 올 것이다. 마지막으로 한반도종단철도(TKR)과 대륙철도(TSR, TCR)를 연결하는 것은 유럽과 동북아의 물류 유통 속도를 개선하고 인적, 물적 교류가 전면적으로 확대되는데 기여할 것이다"라고 주장했다. "에너지, 물류 통로 확보"와 "북방경제권의 새로운 시장 개척"을 위한 신대륙전략으로 동북아 균형자론의 내용을 보완한 것이다.

마지막 하부 논쟁점은, 동북아 균형자론의 근저를 형성하고 있는 바, 국제질서가 탈냉전적 특성을 지니고 있음을 강조한 부분이다. NSC 사무처가 2005년 4월 배포한 '동북아 균형자 설명 자료'는 "21세기 동북아에서 불안정한 안보정세가 지속되고 있으나 과거와는 달리 평화정착이 가능한 새로운 기회의 장이 형성되고 있음"이라는 소제목 아래, "국가간 갈등과 대립이 잔존하고 있으며 지역 안보질서는 여전히 불안정한 측면이 있으나, 반면에 역내 안보협력에 대한 공감대는 확산되고 있음," "경제 분야에서 상호의존도가 높아가고 있으며, 통합지향의 추세도 강화되고 있음" 그리고 "경제적 통합 추세 강화와 인적·문화적 교류의 급증 등 역내 상

newjob/editer/upload/060411-%B4%EB%C1%A4%BA%CE%C1%FA%B9%AE%28%C0%CC%C8%AD%BF%B5%C0%C7%BF%F8-%C3%D6%C1%BE%BF%CF%BC%BA%BA%BB%2900.hwp(검색일: 2008. 2. 21).

호의존도가 증진되면서 연성국력이 작용할 수 있는 공간이 확대되고 있음"이라고 적고 있다.

여기서 지적하고 있는 '불안정성,' '새로운 기회의 장,' '역내 안보협력에 대한 공감대,' '경제 분야에서의 상호의존도,' '통합지향의 추세' 등은 모두 국제적 탈냉전으로 인하여 동북아에도 허용되고 있다고 생각하는 요소들이다. 탈냉전의 여파가 동북아 질서도 냉전적 질서에서 벗어나게 하고 있고, 따라서 동북아에서 한국이 균형자의 역할을 할 수 있는 여건이 조성되었다는 논리이다. 이 같은 탈냉전 쟁점과 관련하여 두 가지의 중요한 점이 지적되어야 한다.

첫째, 탈냉전이 냉전과 전혀 다른 질서인가 하는 점이다. 일반적으로 볼 때, 탈냉전은 유럽의 구 공산권 국가들이 서유럽국가들과 함께 유럽안보협력기구(OSCE)를 구성하는 유럽대륙 전체에서의 국제정치 상황변화를 가져왔다. OSCE는 전체 유럽국가 및 미국, 캐나다의 55개국이 회원국으로 참가하고 있는 범유럽안보협력기구로서, 군사적 신뢰구축과 군비축소를 포함한 안전보장 문제를 중심으로 소수민족, 인권 및 경제문제에 이르는 포괄적 분야에서 유럽지역에 안정적인 안보환경을 조성하는데 목적을 둔 안보기구로서 동북아 균형론자들이 동북아에 구축하고자 하는 다자안보체제의 모델이기도 하다.[19] 그러나 좀 더 근본적인 시각에서 본다면, 구 공산국가들의 OSCE 참여도 결국은 자국의 안보를 안정적으로 유지하는 가운데, 새로운 변화에 받아들이고 모색하고자 하

19) 유럽안보협력기구의 발전과 진화를 잘 정리한 최근의 책으로 David J. Galbreath, *Organization for Security and CO-Operation in Europe (Osce)*(London: Taylor & Francis, Inc., 2007)이 있다.

는 국가이익의 발상에서 출발했다는 점에서 냉전기와 다를 바 없다고 말할 수 있다. 즉, 냉전의 시기이든 탈냉전의 시기이든 현실주의자들이 말하는 것처럼, 안보를 가장 주요한 가치로 추구하는 행태나 그 국가이익을 최우선으로 추구하는 속성에는 변화가 없다는 것이다. 다만, 냉전의 시기에 비해 한반도는 김병국, 하영선 등이 말하는 '복합변환의 시기' 즉, 그 구조가 훨씬 복잡하면서 계속 변화하는 시기에 들어서 있다.

둘째, 탈냉전의 가장 특징적 현상이 유럽대륙에서 볼 수 있는 것과 같은 군비감축이라고 한다면, 안보불안으로 인한 군비경쟁이 오히려 가속화되고 있는 동북아는 탈냉전적 속성을 지녔다고 속단하기에 아직 이르다. 미국은 전 세계 군사비(연 1조 달러)의 절반을 사용하고 있고, 2007년 중국의 공식 군사비 예산은 450억 달러이다. 그러나 중국의 실제 군사비는 최소한 세계 군사비의 1/10 규모인 1000억 달러에 이를 것으로 추정되고 있다. 일본은 본격적인 미일 미사일방어망체제 구축을 추진하면서 가공할 위력의 차세대 전투기 F-22의 실전배치를 곧 실현할 전망이고 평화헌법과 전수방위의 원칙에도 불구하고 군사비가 500억 달러에 이른다. 러시아도 미국의 미사일방어망을 뚫을 수 있는 신형 대륙간 탄도미사일 시험 발사에 성공하고 F-22에 대적할 차세대 전투기를 개발 중이며 지속적인 중국과의 군사합동훈련을 통해 미국의 패권을 견제하려는 세력균형 전략을 구사하고 있다.[20] 한국의 2006년 군사비 지출 총액은 219억 달러로 세계 11위이며, 전년도에 비해 16억 달러가 늘어난 비용이다.[21] 한국사회당은 세계

20) 이상의 동북아 군비증강 내용은 손용우, "동북아 군비경쟁과 우리의 전략," http://www.hani.co.kr/arti/SERIES/60/260863.html (검색일: 2008. 2. 23) 참조.

군비의 65%가 동북아에서 지출되고 있다고 밝히기도 했다.[22] 이러한 사실들은 동북아 균형자론의 전제와는 달리, 동북아가 아직은 탈냉전의 전형적 특성을 보이고 있지 않음을 말해준다.

(3) 한미동맹과의 양립성 논쟁

동북아 균형자론의 논쟁점 가운데 가장 공개적으로 그리고 빈번하게 거론된 것은 한미동맹과의 양립성 문제다. 국내외에서 제기된 비판과 우려는 양립성을 부정하는 전제를 가지고 있다. 김영호는 동북아 균형자론이 한미동맹에 부정적인 영향을 끼칠 것이므로 오히려 한미안보공동선언을 채택하자고 제안했고, 김우상은 한국이 중국, 일본, 러시아와 대등한 협력 외교를 전개할 수 있었던 것은 한미동맹 때문이었는데 참여정부의 자주외교론이 한국을 주변국으로부터 고립시키고 있다고 비판했다.[23] 비판 혹은 의혹은 당사자인 미국 측에 의해서도 제기되었다. 미 국무부 고위관리는 현재 한국의 상황을 20세기 초 프랑스와 영국, 독일, 러시아와의 관계 속에서 과도하게 자신의 힘을 설정하여 뼈아픈 고통을 당한 폴란드의 사례를 들며 우려를 표명했고, 2005년 5월 31일 홍석

21) "한국 군사비 지출 11위, 세계군사비 급증," 『한겨레신문』, 2007.6.13. http://media.paran.com/snews/newsview2php?key=pop&link=newshitlist.php&dirnews=1317525year007(검색일: 2008. 2. 23).

22) 한국사회당, "〔논평〕 동북아 군비경쟁에 뛰어든 한국, 멀어지는 평화의 길," http://www.sp.or.kr /sp2007/bbs/board.php?botale=_2&wr_id=610&page=16(검색일: 2008. 2. 23).

23) 김영호, "동북아 균형자론 이렇게 본다," 『조선일보』, 2005. 4. 6 및 김우상, "무모한 탈3국 동맹론, 고립만 부른다," 『조선일보』, 2005. 3. 24.

현 주미대사를 만난 미 국무부 리처드 롤리스 동아시아·태평양담당 부차관보는 동북아 균형자론과 한미동맹은 양립할 수 없는 개념임을 보다 직접적으로 언급했다.[24]

반면, 김기정은 '균형외교'라는 개념을 제시하면서 동북아 균형자론과 한미동맹 간의 양립이 가능하다는 입장을 보였다. 그는 "균형자론이 지역 국제정치에서 권력구조의 변동, 즉 세력균형체제의 새로운 창출이나 기존 세력구도를 변경하는 것을 목표로 하는 것이 아니라 균형외교론으로 해석할 수 있는 여지가 충분하다는 점이다. 한국은 이미 한미동맹이라는 제도적 장치를 유지하고 있다. 동북아 균형자론이 한미동맹의 기존 구도를 급격히 변경하면서 새로운 세력균형 체제를 만들어가려는 의도는 아니다. 오히려 한미동맹의 골격을 해체하고 새로운 동맹관계를 모색하게 되면 이러한 한국의 행위 때문에 동북아 대립질서가 더욱 가속화될 가능성이 높다. 그러한 상황을 자초하는 것은 현존 한국 외교에서 결코 바람직한 대안이 아니다. 동북아 권력구조의 재편을 모색하기 위한 균형자론이 아니라 기존 한미 동맹관계를 안전판으로 유지하면서 동북아의 협력질서, 공생질서의 창출을 위한 균형외교(balancing diplomacy)에 동북아 균형자론의 의미가 주어져 있다고 볼 수 있다"고 주장했다.[25]

다른 한편, 박영준은 동북아 균형자론을 한미동맹 이탈 혹은 약화로 해석하려는 국내외 연구자들에 대해, 동북아 균형자론의 전체적인 구조를 정확히 파악하지 못했기 때문이라고 주장했다. 즉, 동북아 균형자론은, 동북아에서 평화번영 질서를 창출하는데 한국

24) 송영선, "'동북아 균형자론' 현재 진행형인가?" 『전략논단』, 2권(해병대 전략연구소, 2005년 6월), p. 78.

25) 김기정, 앞의 글, p. 158.

이 적극적인 역할을 해야 하며 한미동맹과 협력적 자주국방 정책 등은 이를 수행하기 위한 기반이 되어야 한다는 구조를 가지고 있다고 지적했다.[26] 그런데 오해가 발생한 것은 노 대통령의 동북아 균형자론 표명에 대해 NSC 고위관계자를 포함한 측근 브레인들의 부연설명에서 상호 불일치와 모순이 노정되었기 때문이라고 설명했다.[27]

이 같은 논쟁 속에서 보다 중요하게 고려해야 할 사항은 인식이라는 변수와 따라서 세련된 정책의 필요성이다. 국제정치 상의 가장 중요한 변수의 하나는 '인식'과 '오인(誤認)'이다. 한국이 무슨 말을 하느냐 만큼이나 중요한 것이 그 말을 상대국이 어떻게 인식하는가의 문제이다. 노 대통령과 그 브레인들 그리고 참여정부의 외교적 실수는 미국이 동북아 균형자론을 어떻게 해석할 것인가의 문제에 보다 신중하지 않았다는 것이다. 이것은 미국의 눈치를 봐야한다는 뜻이라기보다는 외교적 신중성의 중요함에 대한 지적이라고 하겠다.

그러므로 동북아 균형자론보다는 먼저 한미관계의 그 자체를 조정하는 것이 필요했다고 본다. 냉전체제의 와해와 함께 동북아도 복합적 변환의 질서로 바뀌고 미국의 대외정책도 9·11이후 크게 변하고 한국의 위상도 한미동맹을 체결할 때와는 판이하게 달라졌다면, 보다 진지하게 한미관계 그 자체를 긍정적으로 전환시키는 작업이 선재되었어야 했을 것이다. 이런 점에서 김선혁의 주장은 가치가 있다. 그는, 한국과 미국 부시정부간에 외교안보전략 상의 괴리가 존재하므로 대안으로서 양국간의 '균형적 동맹관계'를 모색

---

26) 박영준, ""동북아 균형자"론과 21세기 한국외교," 『韓國政治外交史論叢』, 제28집 1호(한국정치외교사학회, 2006), p. 186.
27) 위의 글, p. 178.

해가야 한다고 지적했다. "한미관계의 '균형적' 조정 없이 동북아시아에서 '평화·번영·협력을 촉진하는 균형자'로서의 대한민국은 실현되지 않을 신기루에 불과하다"는 것이 그의 주장이다.28)

동북아 균형론의 한미동맹 문제와 관련한 두 번째 쟁점은 이 양자간의 모순을 다자안보체제의 구축으로 해결해 나가야 한다는 문위원장의 주장이다. 그는 "동북아 균형자론은 한·미동맹과 모순되는 것이 아니며 오히려 보완관계에 있다. 굳건한 한·미동맹을 바탕으로 동북아의 항구적 평화를 위한 안보 공동체를 만드는 것이 참여정부의 정책 목표이다. 다시 말해서 한·미동맹을 보다 포괄적인 동맹으로 발전시키면서 이를 기반으로 동북아에도 유럽과 같은 집단방위체제와 다자안보체제를 동시에 구축하자는 것이다. 유럽에 있어서 CSCE를 통한 안보 공동체의 실현은 안보의 최전선을 지키는 NATO가 건재했기에 비로소 가능했다 하겠다. NATO 역시 CSCE체제의 확립으로 약화되기는커녕 오히려 보다 안정되고 항구적인 동맹체제로 강화되고 있다. 마찬가지로 동북아 안보 공동체를 형성해 나감에 있어서 굳건한 한·미동맹을 비롯한 미국의 평화 보장 역할은 중요한 전제조건이기도 하다. 나아가 미국이 이에 적극 동참하고 지도력을 행사한다면 한·미동맹의 미래와 이 지역의 평화 및 상호 신뢰를 위해 그 이상 바랄 것이 없을 것이다"고 했다.29)

그러나 그동안 한국 정부들이 구상하거나 제안했던 다자안보협력체제에 대해 미국은 줄곧 부정적 입장을 견지해왔다. 1998년 노태우 정부의 '동북아 6개국 평화협의회의' 제안과 1994년 김영

28) 김선혁, 앞의 글.

29) 문정인. "〔노무현 '신 외교' 어떻게 볼 것인가〕 〈1〉 동북아 균형자 역할론." 앞의 글.

삼 정부의 '동북아다자안보대화'(NEASED) 등은 미국의 분명한 반대에 부딪혔다. 클린턴 행정부가 들어선 1996년부터 미국이 다자안보체제를 고려할 수도 있다는 유연성을 비치기 시작했지만, 그 본질은 개별 동맹의 골격을 유지한 가운데 다자협력을 보완한다는 것에 지나지 않았다.30)

2001년 부시 행정부의 출범과 9·11로 미국의 세계군사전략이 변환되기는 했지만, 그것은 동북아에 다자안보체제를 구축하기보다는 기존의 양자 동맹을 강화하는 방향을 선택해왔다. 따라서 문위원장의 발언을 비롯한 참여정부의 다자안보체제 구상은 구상에 불과하며, 동북아 균형자론이 한미동맹을 저해하기보다는 미국을 포함하여 다자안보로 나가려는 것이라는 설명은 설득력과 현실성이 없는 것이었음을 알 수 있다.

IV. 결론 : 교훈

앞 절의 비판적 고찰이 한국외교에 주는 교훈을 결론으로서 정리하기에 앞서 두 가지 점을 먼저 지적하고자 한다. 하나는 참여정부의 동북아 균형자론이 흔히 아마추어리즘이라고 비판받는 이상주의적 속성과 자주동맹파의 작품이라고 지적받는31) 이념적 성향에도 불구하고, 해방이후 소위 탈냉전의 시기까지 큰 발전 없이

30) 홍철, "동북아 다자협력체제의 모색을 위한 한국의 전략-동북아균형자론의 동시병행전략에 대한 검토를 중심으로-," 『대한정치학회보』, 14집 1호(대한정치학회, 2006), p. 50.

31) 위의 글, p. 55.

지속된 기존의 한미동맹관계를 돌아볼 수 있게 했으며 또한 새로운 시도로서의 가치를 지녔다는 점을 간과하지 말아야 한다는 점이다. 참여정부 기간 동안 동북아 균형자론을 두고 벌어진 한국 내의 갈등은 국가이익을 중심으로 하는 건전한 논쟁이 아니었고 서로가 이념적 차이에 몰두한 감정 대립의 양상이었다. 정부와 언론 그리고 전문가 모두 합리성에 바탕을 둔 합의 형성의 논쟁이 되도록 노력해야 했었다. 동북아 균형자론에 호의적인 반응이 응답자의 74.7%였다는 정부 측의 여론조사 발표도 쉽게 납득이 가지 않았고,[32] 동북아 균형자론을 '과대망상,' '커밍아웃,' '결투신청'이라고 몰아 부친 언론도[33] 바람직한 행태는 아니었다. 정부는 새로운 외교 노선의 구상과 추진에 있어서 국민적 합의 형성의 과정을 가장 중요한 요소의 하나로 간주해야 한다. 전문가들은 설익은 것이 아니라 공교하고 체계적으로 정비된 안을 제시할 수 있어야 하고, 언론은 정부, 전문가, 여론 사이를 국익의 관점에서 효과적으로 코디네이트하는 역할을 담당해야 한다.

다른 하나는 학계의 자기 성찰이 필요하다는 점이다. 학계는 부단히 사실에서 이론을 만들고, 정교한 이론의 눈으로 사실을 관조하는 연속적인 상호작용에 착념해야 한다. 학계 인사가 국가 봉사를 위해 정부에 참여하는 것은 바람직하다. 그러나 섣부른 지식으로 국가의 정책을 위험한 시험대에 올려서는 안 된다. 향후, 지난 5년간의 외교정책 특히 동북아 균형자론에 대한 진지한 학문적 연구와 논의가 필요하다. 그리고 그것으로부터 해방이후 지속되어온

32) "미국에 균형자의 힘 기대하는 참여정부의 자가당착," 『월간말』, 2005년 5월호(통권 227호), p. 100에서 재인용.

33) 류근일, "'동북아 균형자'론은 과대망상이다," 『조선일보』, 2005. 4. 4.

낡은 한미관계, 낡은 외교정책을 발전적으로 진보시킬 수 있는 지혜와 방안을 얻어내야 한다.

앞서 살펴본 바, 한국 외교정책의 장래를 위한 교훈을 바로 앞 장의 세 가지 절에 맞추어 정리함으로써 결론을 맺으려고 한다. 첫째, 한국이 외교적으로 담당해 나갈 수 있는 역할을 보다 정교하게 정의하는 것이 필요하다. '균형자'라는 개념은 묻어두고, 김기정이 말한 바, '협력의 국제관계를 촉진시켜 동북아 지역질서를 안정적으로 유지하고 확대시켜 나가는 촉진자,' '국가간 갈등관계를 대화통로의 네트워크 향상 등을 통해 조정하는 조정자,' '공동번영을 도모하기 위한 국제적 아젠다를 제시하는 창안자,' 혹은 김선혁이 말한 '평화 촉진자,' '평화 기획자,' '협력 조정자,' '협력 매개자' 등에서 출발할 수 있다. 이처럼 구체적인 역할로 명칭을 부여하고 그 세부적인 목표들을 규정해 나가는 것은 바람직하다. 유의해야 할 것은 구체적인 명칭을 확정하기 전에, 국내적으로 그리고 동북아 4강에 대해 한국이 정한 역할명에 대한 이해를 확보해야 한다는 점이다. '자주'란 의욕이나 일방적인 주장을 통해 이룰 수 있는 것이 아니라, 도전 가능한 것 그리고 상대국에 대한 설득의 병행을 통해 얻을 수 있다.

둘째, 주지하는 바의 당연한 지적으로, 외교적 목표들을 달성할 수 있는 힘(권력)을 확보해야 한다. 힘에는 한국이 내적으로 가져야 하는 경성과 연성의 힘이 있고, 4강과의 관계 속에서 획득할 수 있는 경성과 연성의 힘이 있다. 힘이 있어야 외교적 목표들을 달성할 수 있는 것이지만, 역으로 외교를 통해 스스로 가지고 있지 못한 힘을 얻을 수도 있는 것이다. 참여정부가 타산지석으로 준 교훈은 우리 스스로의 힘을 과대, 과시했다는 점 그리고 외교에서 얻을 수 있는 힘을 스스로 포기했다는 점이다.

참여정부가 북한과의 관계 개선에 가장 큰 비중을 두었고 그렇게 해서 북한과의 관계를 상당히 진전시켰다고 하지만, 그 전반적인 과정을 통해서 지난 5년간 우리가 획득한 힘은 없고, 오히려 동맹관계를 잘못함으로써 힘을 잃었다는 것이 현실적인 판단으로 보여진다. 내적 힘의 구축은 굳이 언급할 필요가 없는 것으로 생각되고, 미국과의 관계에서는 안보적 힘을, 중국과의 관계에서는 경제적 힘을, 일본과의 관계에서는 문화적 힘을 획득하도록 방향을 설정하는 것도 하나의 안이 될 수 있다고 본다. 외교 정책을 연구, 구상, 수립, 검토할 때, 미국에 대해서는 한미동맹 관계를 보다 균형 잡힌 상호이익의 관계로 발전시켜야 하고, 중국와의 관계에서는 현재의 양국 간 교역 및 경제관계 흐름을 쫓아가는 식이 되지 말고 향후 5년 혹은 10년 후에 닥치게 될 예상치 못할 양국 관계 역전에 지금부터 대비해 나가야 할 것이다. 일본과의 관계에서는 한국 내의 일본 문화 하용에 보다 과감할 필요가 있다. 물론 이것을 주는 대신 한국이 받을 것도 궁리하되, 문화적 배타성을 시정함으로써 한일관계를 진일보시키는 외교발상의 전환이 요구된다고 하겠다. 다시 한번 지적할 것은 이것들이 힘의 획득에 목적을 둔다는 점이다.

셋째, 한미동맹 관계는 목적을 국가 이익의 극대화에 두고 수단은 실용적인 방향으로 발전적 변화를 도모해야 한다. 한국의 민주화 과정 속에서 왜 반미주의가 점고되었는지를 현실적으로 고찰할 필요가 있다. 그것은 보수주의자들이 말하는 바, 좌파의 선동이 근본 원인이 아니다. 한국사회와 국민들에 대한 정치적 억압에서 벗어나려는 열망과 미국 일방의 한미관계를 벗어나려는 열망은 동일선상에 있다. 전자는 민주화 운동으로, 후자는 반미주의로 나타났다고 보아야 한다. 한국의 보수주의 정부와 미국이 보다 현명하

게 처신했다면 지난 10년간 보여준 수주의 반미주의는 막을 수도 있었을 것이다.

한미관계의 공고화가 한미 모두에게 이익임은 두말할 필요가 없다. 문제는 양국의 정부가 합의하면 이 반미주의가 줄어드는 것이 아니라, 양국 관계가 실질적인 균형관계 실질적인 동반자관계로 발전적 변화가 도모되고 있음이 가시적으로 나타날 때, 시민사회 차원에서의 한미관계도 긍정적인 관계로 거듭날 수 있을 것이다. 새로 출범한 이명박 정부는 한미관계의 복원 혹은 막연한 개선을 외치지 말고, 개성공단 문제를 비롯한 남북경제관계, 남한에서의 미군 배치 문제, 무기 구매, 작전권 이양, MD구축 문제 등 구체적인 사안들에 대한 협상 속에서 수단의 실용화를 통해 국가이익의 극대화를 추구하는 가운데 한미관계를 발전적으로 전환시켜 나가야 할 것이다.

노무현 정부의 '동북아 균형외교 정책'은 적어도 이런 논의들을 가능케 했다는 점에서 평가를 받을 수 있다. 상하 양원에서의 이른바 이명박 당선축하 결의안의 만장일치 채택이 노무현 정권 없이 가능한 일이었겠는가.[34]

34) 조경근, "정말 배울 게 하나도 없는가," 『국제신문』, 2008. 2. 25.

□ 참 고 문 헌

한국방송영상산업진흥원, 『2007 상반기 방송 한류 현황 분석』 KBI 포커스 07-13, 2006. 6. 30.

황병덕, 『동북아 정세변화와 한국의 동북아 균형자 역할 연구』, 서울: 통일연구원, 2006.

김기정, ″21세기 한국 외교의 좌표와 과제: 동북아 균형자론의 국제정치학적 의미를 중심으로," 『국가전략』, 제11권 4호, 세종연구소, 2005.

김선혁, "동북아 균형자론과 한미동맹," 『KNSI 현안진단』 6호, 서울: 코리아 연구원, 2005/05/10.

박영준, ""동북아 균형자"론과 21세기 한국외교," 『韓國政治外交史論叢』, 제28집 1호, 한국정치외교사학회, 2006.

송영선, "'동북아 균형자론' 현재 진행형인가?" 『전략논단』, 2권, 해병대전략연구소, 2005년 6월.

장경룡, "동북아 균형자론," 『정치・정보연구』, 제8권 2호, 한국정치정보학회, 2005.

홍철, "동북아 다자협력체제의 모색을 위한 한국의 전략-동북아균형자론의 동시병행전략에 대한 검토를 중심으로-," 『대한정치학회보』, 14집 1호, 대한정치학회, 2006.

김영호, "동북아 균형자론 이렇게 본다," 『조선일보』, 2005. 4. 6.

김우상, ″무모한 탈3국 동맹론, 고립만 부른다," 『조선일보』, 2005. 3. 24.

"미국에 균형자의 힘 기대하는 참여정부의 자가당착," 『월간말』, 2005년 5월호(통권 227호).

류근일, "'동북아 균형자'론은 과대망상이다," 『조선일보』, 2005. 4. 4.

″이종석 NSC 사무차장 인터뷰,″ 『중앙일보』, 2005. 4. 14.

조경근, "정말 배울 게 하나도 없는가," 『국제신문』, 2008. 2. 25.

Galbreath. David J., *Organization for Security and CO-Operation*

in Europe (Osce)(London: Taylor & Francis, Inc., 2007).

Grieco, Joseph M., "Anarchy and the limits of cooperation: a realistic critique of the newest liberal institutionalism," *International Organization* 42, 3(Summer).

Mearsheimer John J., *The Tragedy of Great Power Politics*, New York, NY: Norton, W. W. & Company, Inc., 2003.

문정인. "〔노무현 '신 외교' 어떻게 볼 것인가〕 〈1〉 동북아 균형자 역할론." 『조선일보』, 2005. 4. 11. http://www.chosun.com/svc/content_view/content_view.html?contid=2005041170370(검색일: 2008. 2. 11).

손용우, "동북아 군비경쟁과 우리의 전략," http://www. hani.co.kr/arti /SERIES/60/260863.html(검색일: 2008. 2. 23).

이화영(열린우리당 국회의원), "상생과 협력의 동북아, 한반도의 新대륙시대를 열어 갑시다," http://jungnang.or.kr/cgi-bin/newjob/editer/upload/060411-%B4%EB%C1%A4%BA%CE%C1%FA%B9%AE%28%C0%CC%C8%AD%BF%B5%C0%C7%BF%F8-%C3%D6%C1%BE%BF%CF%BC%BA%BA%BB%2900.hwp(검색일: 2008. 2. 21).

"평화의 균형자, 새로운 동북아시대를 여는 참여정부 구상," 청와대 브리핑, 2005.03.30. http://www.president.go.kr/cwd/kr /search/t_search.php?cc1=&cc4=&cc5=&cc6=&keyword=%BE%C6%BD%C3%B4%EB&sel_type=1 (검색일: 2008. 2. 11).

"한국 군사비 지출 11위, 세계군사비 급증," 『한겨레신문』, 2007. 6. 13. http://media.paran.com/snews/newsv iew2. php?key=pop&link=newshitlist.php&dirnews=1317525&year=2007(검색일: 2008. 2. 23).

한국사회당, "〔논평〕 동북아 군비경쟁에 뛰어든 한국, 멀어지는 평화의 길," http://www.sp.or.kr/sp2007/bbs/board.php?bo_

table=2_2&wr_id=610&page=16(검색일: 2008. 2. 23).

IMF World Economic Outlook and EconStats. http://www.econstats.com/weo/indexglweo.html(검색일:2008. 2.21).

PRC General Administration of Customs, China's Customs Statistics. http://www.uschina.org/statistics/tradetable.html (검색일: 2008. 2. 21).

http://news.chosun.com/site/data/html_dir/2008/01/26/2008012600115.html(검색일: 2008. 2. 11).

http://news.chosun.com/site/data/html_dir/2008/01/26/20080126 00115.html(검색일: 2008. 2. 11).

http://www.president.go.kr/cwd/kr/government/agenda_05.php?m=5(검색일: 2008. 2. 11).

〈Absract〉

Roh administration's 'Northeast Asia balancer policy'

Cho, Kyung-Keun (Kyungsung University)

The Northeast Asia balancer policy, the initiative that South Korea can act as a balancer in Northeast Asia , has been the foundation of Roh administration's foreign policy for the last 5 years. The policy, however, created the first major controversy over the foreign policy since the Korean independency in 1945 and ended without much achievement in practice or in theory. Most mainstream scholars of international relations raised meaningful criticisms on this new approach to foreign policy, while the other scholars as well as the proponents of the participatory government insisted that the change in foreign policy was necessary and timely. Although the East Asia balancer policy lacks the concrete concept or theory, it deserves some recognition as the first step towards a progress amidst the seemingly unchanging Korean foreign policy and as a chance to revisit Korea's position in East Asia and the world. Thus, rather than simply criticizing, we should carefully consider the pros and cons of the East Asia balancer policy and take it as the starting point of our discussions about setting a more concrete national goal and finding practical means towards it. In response to this need, this paper documents the emergence and development of the East Asia balancer policy, analyzes the policy's major issues as three separate controversies-the controversy over the policy's concept and logic, the controversy over the world's 10th economic power and soft power,

and the controversy over the policy's compatibility with the alliance between South Korean and the United States, and summarizes the lessons from the analysis.

Key words : the 'Northeast Asia balancer policy,' Roh administration, foreign policy, soft power, Northeast Asia

제3장 노무현 정부와 북핵문제 : 현황과 평가 *

박 광 득 **

〔국문요약〕

본 연구는 노무현 정부 당시 북한의 핵실험과 핵개발로 파생된 북핵문제에 대한 배경과 그 평가를 목적으로 하고 있다. 노무현 정부는 출범당시부터 북핵문제가 발생하였으며, 이를 해결하기 위해 여러 방면으로의 노력을 경주하였으나 새 정부가 들어선 현재까지 가시적인 성과를 거두어 들이지 못하고 있는 실정이다. 따라서 노무현 정부의 북핵 대응 전략에 문제가 있었던 것이 아닌가 하는 의구심을 지울 수 없다는 것이 일반적인 견해이다. 그러나 이와 상반된 의견을 제시하는 측면도 있다. 다시 말해서 노무현 정부의 북핵 정책은 9·19공동성명, 2·13합의를 통하여 북한의 핵을 억제할 수 있는 가시적인 성과를 거두고 있으며, 더 이상의 핵 개발이 되고 있는 않은 상황이라는 점에서 안정적인 구도로 나아가고 있다는 분석이다. 이와 같이 노무현정부의 북핵문제는 어떠한 시각에서 분석할 것인가에 따라 상반된 결론이 도출된다고 볼 있다. 그러나 대부분의 의견은 북핵문제를 해결해 나가는 과정에서의 문제점이 많이 나타나고 있다는 것이 전문가들의 의견이다. 다시 말해서 북핵 문제에 대한 과소평가, 대북정책의 일환인 햇볕정책에 대한 과신으로 빗어진 대북관의 문제점, 북핵문제를 해결하기 위한 한미관계의 실패 등이다. 본 연구에서는 본 논문에서는 먼저 2차 북핵문제가 발생하였던 2003년부터 현재까지의 노무현 정부 시절 북핵문제의 배경

* 이 논문은 2007학년도 대구대학교 학술연구비지원에 의한 논문임.
본 논문의 완성도를 위하여 아낌없는 조언을 하여 주신 익명의 심사위원께 감사를 드립니다.

** 대구대학교

과 현황에 대해 분석하고 노무현 정부의 북핵에 대한 인식과 전략을 분석한 다음 노무현 정부 5년간의 북핵문제를 평가함과 동시에 향후 북핵문제를 해결하기 위한 과제들을 살펴보고자 한다.

주제어 : 북핵문제, 북핵 위기와 한반도 비핵화, 노무현 정부, 남북관계, 2·13합의, 6자회담

Ⅰ. 서 론

북한의 핵문제는 남북한 관계뿐만 아니라 동북아 및 전세계에 영향을 미칠 수 있는 중요한 문제라는 것은 부인할 수 없는 사실이다. 따라서 북한이 핵을 가지고 있다는 여부만으로도 국제사회에 커다란 반향을 불러일으킬 수 있는 이슈가 될 수 있다는 것이다. 오늘날 핵이라는 것은 야누스적인 양면성을 가지고 있는 것으로 에너지로 활용되었을 경우 인류에 상당한 이익을 가져오지만 군사적으로 사용되었을 경우는 인류를 파멸에 이르게 할 정도의 가공할 무기가 될 수 있다는 것이다. 따라서 핵 보유하고 있는 국가들은 핵의 확산은 인류를 파멸로 가게 할 수 있다는 전제하에 핵확산 금지를 제도화[1)]하여 엄격히 통제하고 있는 것이 현실이

1) 이 제도를 핵확산금지조약(NPT: Treaty on the Non-proliferation of Nuclear weapons)라고 한다. 그러나 이 조약의 내용을 보면 핵보유국과 비핵국가간에는 불평등조약이라는 반론이 존재하고 있다. 즉 비핵국가는 핵무기의 개발과 보유가 금지되고 안전조치에 대한 사찰을 받아야 하는 반면 핵국가들은 점진적인 핵무기 감축 노력만 하면 된다는 모순을 가지고 있다. 자세한 것은 핵확산금지조약 전문 참조.

다. 다시 말해서 핵은 어떻게 이용될 것인가? 누가 가지고 있는가에 따라 그 결과가 정반대로 진행될 수 있다는 것이다.

북한의 핵문제도 위와 같은 맥락에서 발생하였다고 볼 수 있다. 즉 악의 축의 한 국가인 북한이 핵을 소유하고 있다는 것과 국제사회에서 신뢰할 수 없는 김정일이라는 지도자가 핵을 가지고 있다는 자체가 국제사회를 위험에 직면하게 할 수 있다는 공감대가 형성되었다고 할 수 있다. 북핵문제는 단순히 북한만의 문제가 아니라 한반도 나아가서는 동북아 안보 및 국제사회에 좋지 않은 영향을 미칠 수 있다는 인식을 가지고 있는 것이 사실이다. 또한 북한의 핵 보유는 전통적으로 한반도를 자신의 영향권이라고 인식하고 있는 미국을 자극할 뿐만 아니라 이로 인한 한반도 주변 4강의 권력역학 관계에 미묘한 영향을 미치고 있는 것이 사실이다.

북한 핵문제의 발단은 1993년 북한이 국제원자력기구(IAEA)의 사찰을 거부하면서 시작되었다고 볼 수 있다. 그러나 이 문제는 여러 차례의 회의를 거쳐 제네바합의를 통해 일단락되었다. 제네바합의는 주로 북한과 미국간의 합의라고 볼 수 있다. 북한이 핵시설을 동결하는 조건으로 미국과 한국은 경수로 건설과 함께 경유를 제공한다는 선에서 합의하였고 이를 이행하는 과정에서 9·11테러가 발생하면서 미국은 북핵 문제에 대한 태도가 급변하기 시작하면서 북한도 핵개발을 시인하고[2), 급기야 2003년 1월에는 NPT를 탈퇴하였으며, 노무현 정부가 들어서서 얼마 되지 않아 북한은 핵 보유를 선언하면서 북한의 핵 문제는 한반도의 가장 중요하고 해결하지 않으면 안 되는 이슈로 떠오르게 되었다.

2) 자세한 것은 허문영, 『북핵보유선언 : 향후 정세전망과 우리의 정책방향』 통일연구원 정책연구시리즈 2005-01(서울: 통일부 통일연구원, 2005), pp2-4.

노무현 정부의 초기부터 시작하여 이명박 정부의 출범하는 현재까지 북한의 핵문제를 해결하기 위해 2003년 4월 23일 미국, 중국, 북한의 3자회담을 시발로 해서 동년 8월 27일 제1차 6자 회담 개최하면서 북한 핵문제 해결에 당사국을 포함 주변 국가들의 노력이 시작되었지만 그 동안 수 십 차례의 회의 및 몇 번의 합의와 선언[3] 등이 있었지만 완전한 북핵문제 해결의 실마리를 찾지 못하고 있는 것은 사실이다. 따라서 북핵문제를 위한 6자회담에 대하여 무용론이 대두되기도 하였다.

본 논문에서는 먼저 2차 북핵문제가 발생하였던 2003년부터 현재까지의 노무현 정부시절 북핵문제의 배경과 현황에 대해 분석하고 노무현 정부의 북핵에 대한 인식과 전략을 분석한 다음 이에 대한 5년간의 북핵문제를 평가함과 동시에 향후 북핵문제를 해결하기 위한 과제들을 살펴보고자 한다. 본 연구는 '노무현 정부의 대북정책의 평가와 과제' 라는 대주제하에 오직 북핵 정책만을 분석한 논문으로 타 주제와 중복되는 부분은 연구에서 제외함으로서 미국 및 중국과의 관계, 외교분야 및 대북정책 전반에 대한 평가는 본 연구에서 분석하지 않았다. 이런 사유로 인하여 본 연구의 논리적 전개에 다소 문제가 있다는 것을 인식하고 있으나 타 연구와의 중복과 지면 관계상 구체적이고 상세하게 분석하지 않았음을 밝히며, 익명의 심사위원께서 지적하여 주신 부분은 추후연구에 반영하여 발전시켜 나갈 것이다.

3) 6차례의 6자회담을 비롯한 각종회의 9·19공동성명, 2·13합의, 10·3합의 등이 그것이다.

Ⅱ. 북핵문제 배경과 현황

본 절에서는 노무현 정부 시절의 북핵문제 해결을 위한 6자회담을 중심으로 한 9·19공동성명, 2·13합의, 10·3합의 등을 구분하여 북핵문제의 해결과정을 살펴보고자 한다. 본 절의 연구는 북핵문제를 이해하기 위해서는 먼저 연구되어야 하는 것으로 북핵문제를 연구하기 위한 기초 자료라고 할 수 있다.

1. 1차 ~ 3차 6자 회담

북한이 2003년 1월 10일 NPT를 탈퇴하고 동년 5월 핵보유를 선언함으로써 2차 북핵문제가 시작되었다. 북핵문제의 대두와 함께 이에 가장 민감한 반응을 보이는 주변 국가들이 이에 대한 해결을 위한 움직임이 시작되었다. 북한의 핵 보유는 주변국들에게 결코 도움이 되지 않는다는 것은 자명한 사실이었다. 북한의 핵 보유는 동북아의 균형을 파괴할 뿐만 아니라 주변국들의 한반도에서의 패권유지를 위해서는 도움이 되지 않는다는 결론이고, 세계평화를 위해서는 핵이 확산되어서는 안 된다는 공감대가 형성되었다고 볼 수 있다. 이런 연유로 인하여 북한의 핵 문제를 해결하기 위한 방안으로 만들어진 것이 동년 8월 27~29일까지 중국 베이징에서 개최된 것이 1차 6자회담이고 2차는 2004년 2월 25~28일, 3차는 동년 6월 23~26일 개최되었다.

상술한 바와 같이 2003년에서 2004년까지의 6자 회담은 3차례 개최되었으나 북핵문제를 해결하는 가시적인 성과는 없었고 각국의 입장을 확인하는 수준에서 진행되었다고 할 수 있다. 따라서 6자 회담이 북한의 핵 문제를 해결하는 역할을 하지 못하는 무용

지물이 아니냐는 비판론이 대두되기도 하였다.

당시의 각국의 입장을 보면 가장 적극적이었던 미국은 북핵문제 처리에 CVID원칙[4]을 고수하였다. 이 원칙은 북한으로서는 수용할 수없는 입장이고, 수용하지 않고 거부하기에는 미국의 보복이 있을 것으로 예상되어 하나의 입장을 선택하기 어려웠을 것으로 보인다. 미국은 북한의 핵문제를 해결하는 방안으로 먼저 북한이 핵을 포기하면 후에 체제를 보장한다는 '선(先) 핵 포기 후(後) 체제보장' 입장을 고수하였고, 북한은 미국과는 상반된 입장을 고수하였다. 미국은 북한이 미국이 의도하는 절차에 따라 핵을 포기하면 4단계의 걸쳐 북한의 체제를 보장한다고 주장하였다.[5]

북핵문제의 당사국은 한국은 북한의 핵은 한국의 안전과 직결되는 중차대한 사건이라는 인식하에 남북관계 최우선과제는 북핵문제라고 인식하였다. 따라서 한국은 원칙적으로 미국의 입장에 공조하면서도 노무현 정부는 자체적으로 북핵 해결을 위한 3단계 방안[6]을 제시하였다.

일본은 1990년대 이후 동북아에서 미국과의 긴밀한 관계를 유지하면서 미국의 역할 분담을 담당하고 있는 관계로 북핵문제에 있어서도 미국과 가장 긴밀하고도 협조적인 관계를 유지하였다고 볼 수 있다. 따라서 미국의 주장에 동조하는 입장을 취하였다고

---

4) CVID(Complete, Verifiable, Irreversible Dismantlement)원칙이란 북핵의 완전하고, 검증가능하고, 돌이킬 수 없는 폐기를 의미함.

5) 박광득, "6자회담과 북핵문제에 대한 제언들," 『영남정치학회보』, 제15호(영남정치학회, 2004), pp.50-52.

6) 3단계 해결 방안은 1단계 북핵 포기선언, 2단계 북핵 동결, 폐기, 검증, 대북보상지원, 3단계 핵 폐기 완료. 김일수・정태일, "2・13합의와 북핵문제해결에 대한 전망," 『국제정치연구』, 제10집 2호(동아시아국제정치학회, 2007), pp.207-208 참조.

볼 수 있다.

중국의 입장은 6자회담의 주최하는 입장에서 북한과 미국간의 눈치를 살피면서 중개자로서의 역할을 하였다고 볼 수 있다. 원칙적으로는 미국의 입장과 같이 북한의 비핵화에 동조하면서도 북한에 대한 경제지원과 북한이 주장하는 일부는 수용한다는 입장을 취하였다. 이는 당시의 중국의 입장을 보면 중국은 소련의 붕괴로 인한 동북아의 공백을 중국이 선점하려는 입장에서 북핵 문제는 중국에 도움이 되지 못하고 미국을 다시 동북아에 불러들이는 역할을 한다고 판단하여 북한의 핵 폐기에 동조하였다. 그러나 반대로 북한의 체제의 약화는 중국 안보에 있어서 북한이라는 완충역할을 하는 지역에 문제가 발생할 수 있다는 입장에서 북한 체제는 보호하되 강한 북한이 되어서는 안 되고 남북한의 균형을 유지하는 측면에서의 현상유지를 희망하고 있다고 볼 수 있다.

마지막으로 러시아의 입장은 중국과 유사하다고 볼 수 있다. 당시의 상황을 보면 러시아로서는 북한 문제에 대해 과감하고도 적극적으로 의사를 표명할 수 없는 입장이었다고 볼 수 있다. 러시아는 주변국들로부터 경제적인 지원을 받고 있는 입장에서 특정 국가의 입장에 동조할 수 있는 입장이 아니었다. 따라서 중국과 미국의 입장에 원칙적으로는 동조하면서도 북한의 주장을 수용하는 중간자적인 입장을 취하였고 볼 수 있다.

2. 4차 6자 회담 ~ 9·19 공동성명

상술한 바와 같이 1차 ~ 3차까지의 6자회담은 북핵문제 해결의 실마리를 찾지 못하고 회담 참가국들의 입장만을 주장하는 정도로 진행됨으로서 6자 회담의 무용론이 대두되었지만 2005년 7

월 26일~8월7일(1단계 6자회담), 9월 13일~9월 19일(2단계 6자회담) 제4차 6자회담을 거치면서 북핵문제의 가시적인 성과를 제도화하였다. 그것이 바로 북핵 폐기 및 한반도 비핵화를 목표로 하는 '9·19 공동성명'의 채택이라고 할 수 있다. 그 내용을 간단히 살펴보면 다음과 같다.7)

① 6자는 6자회담의 목표가 한반도의 검증 가능한 비핵화를 평화적인 방법으로 달성하는 것임을 만장일치로 재확인.

② 6자는 국제연합헌장 및 국제 규범 준수 약속.

③ 6자는 에너지, 교역 및 투자 분야에서의 경제협력 증진을 약속.

④ 6자는 동북아의 항구적인 평화와 안정을 위해 공동 노력 공약.

⑤ 6자는 '공약 대 공약', '행동 대 행동' 원칙에 입각하여 단계적 방식으로 합의사항 이행을 위해 상호 조율된 조치를 취하는데 합의.

위와 같은 '9·19공동성명'을 보면 북한의 핵 포기를 공식적으로 수용하였다는 점에서 큰 의미를 찾을 수 있다고 볼 수 있다. 그리고 2003년부터 시작한 6자회담이 어느 정도의 가시적인 성과를 도출함으로써 동북아의 평화는 물론 국제적으로 안정적 기반을 마련하였다고 볼 수 있다. 그러나 북한이 과연 공동성명을 그대로 이행할지 여부는 어느 누구도 예측할 수 없다는 문제점을 가진 공동성명이라고 볼 수 있다.

3. 5차 6자 회담 ~ 2·13합의

5차 6자회담은 2005년 11월 9~11일(1단계 6자회담), 2005

7) 외교통상부, http://www.mofat.go.kr/index.jsp(검색일: 2008. 2. 19) 북핵관련 사이트 참조.

년 12월 18~22일(2단계 6자회담), 2007년 2월 8~13일(3단계 6자회담)을 거치면서 9·19 공동성명 이행을 위한 초기조치로서 2·13합의를 채택하였다. 그 내용을 보면 다음과 같다.[8)]

① 초기단계 이행계획은 60일 이내에 실시한다는 것으로 그 세부적인 내용을 보면 첫째, 재처리 시설을 포함한 현존 북한 핵시설 폐쇄 및 봉인, IAEA 사찰관 복귀. 둘째, 모든 핵 프로그램의 신고 목록 논의. 셋째, 북미 관계정상화 양자대화 개시, 테러 지원국 및 적성국교역법 대상 제외 진전. 넷째, 북일 관계정상화 대화 개시. 마지막으로 중유 5만 톤 상당 에너지 지원을 한다는 내용이다.

② 5개 실무그룹 구성으로 30일 이내 첫 번째 회의 개최한다는 주 의제 내용을 보면 비핵화, 북미 관계정상화, 북일 관계정상화, 경제 · 에너지 협력, 동북아 평화안보 체제 등 5가지이다.

③ 다음단계 이행계획은 초기단계 완료 이후 실시하는 것으로 핵 프로그램의 완전한 신고 및 핵시설 불능화와 중유 95만 톤 상당의 경제 · 에너지 · 인도적 지원 제공 등을 골자로 하고 있다.

④ 6자 장관급회담 개최는 초기단계 완료 이후 개최한다.

⑤ 한반도 평화체제 : 직접 관련 당사국간 별도 포럼에서 협상.

2·13합의는 9·19공동성명을 이행하기 위한 구체적인 조치의 일환으로 합의 된 것으로 핵 폐기 시점을 60일이라는 시간적 한계를 규정하여 이행을 촉구하였다는 측면에서 북핵 문제를 해결하려는 의지가 있는 쪽으로 해석되어 진다. 또 하나는 5개의 실무그룹을 구성하여 비핵화뿐만 아니라 북미, 북일 정상화 및 동북아 안보를 위한 구체적인 논의를 할 수 있는 기반을 마련하였다는 점

8) 외교통상부, http://www.mofat.go.kr/index.jsp(검색일: 2008. 2. 20) 북핵관련 사이트 참조.

은 시사하는 바가 크다고 할 수 있다.[9)]

그러나 북한과의 합의나 약속에서 항상 나타나는 문제이지만 과연 북한이 이러한 합의를 이행하려는 의지 여부가 성패의 관건이라는 점이다. 합의의 내용을 보면 북핵문제를 해결하는 과정과 절차가 상당히 구체적이고 체계적이지만 이를 이행하고자 하는 당사자의 의지가 이어야 한다는 것이다. 다시 말해서 당시의 상황에서 북한이 핵을 포기하는 대가로 받는 보상이 북한 정권 유지 및 안보에 도움이 된다고 북한 지도부가 인식하고 있는가하는 물음에는 정확한 답을 내리기 어렵다는 문제점을 내포하고 있다는 것이다.

4. 6차 6자 회담 ~ 10 · 3합의

제6차 6자 회담은 2007년 3월 19~22일(1단계 6자회담), 동년 9월 27~30일(2단계 6자회담)을 거쳐 10월 3일 9·19 공동성명 이행을 위한 2단계 조치인 10·3합의를 발표하였다. 그 내용을 보면 다음과 같다.

① 북한은 금년 내 모든 현존 핵시설 불능화 및 모든 핵 프로그램의 완전하고 정확한 신고 완료.

② 북한은 핵 물질, 기술 및 노하우를 이전하지 않는다는 공약 재확인.

③ 미국은 미 · 북 관계정상화 실무그룹에서 컨센서스를 기초로 북측 조치와 병행하여 미국측 공약 이행할 것이며, 일 · 북 또한 평양선언에 따라 신속한 관계 정상화 노력 경주하며 미국은 테러지원국 지정 해제 과정 개시 및 대적성국 교역법 적용 종료과정

9) 정경환, "북한 핵실험이후 우리의 대북정책 방향," 『통일전략』, 제7권 1호(한국통일전략학회, 2007), pp.20-23.

진전에 대한 공약 상기.

④ 중유 100만 톤 상당 대북 경제 · 에너지 · 인도적 지원 제공.

⑤ 적절한 시기에 6자 외교 장관회담 북경에서 개최 재확인.

위의 합의에 의하면 2007년 내 현존하는 핵시설의 불능화를 요구하는 강력한 메시지를 담은 합의라고 볼 수 있다. 그러나 현재까지의 이행사항을 보면 계속 지연되고 있음으로 해서 앞에서 논의한 바와 같이 북한이 핵 폐지 의지를 가지고 있는가 하는데 의구심을 가지지 않을 수 없다는 것이다. 그러나 한 가지 분명한 것은 더 이상의 플루토늄이 추가로 생산되어 지지 않고 불가능해졌다는 것이 하나의 성과라고 볼 수 있다는 것이다. 즉 주변국들이 요구하는 바와 같은 속도는 내지 않고 있지만 하나씩 추진되어지고 있는 상황이라는 긍정적 결과가 나타나고 있다는 점이다.[10] 그러나 완전한 비핵화가 완성되기에는 넘어야 할 산이 많이 있다는 것은 부인할 수 없는 사실이며, 선군사상이 그대로 유지되고 있는 북한으로서는 핵을 포기한 후의 북한체제를 고려하지 않을 수 없는 입장이다.[11]

10) 『동아일보』, 2008년 2월 14일 참조.

11) 북한의 핵 보유와 핵실험의 동기가 무엇인가에 대한 연구도 병행되어야 할 것으로 보인다. 이에 대한 내용은 남궁영, "북한의 핵 개발과 미국 : 북한의 생존 전략과 미국의 세계전략을 중심으로" 『21세기정치학회보』, 13집 2호(21세기정치학회, 2003), pp.109-112. 참조.

Ⅲ. 노무현 정부의 북핵 인식과 전략

본 절에서는 노무현 정부가 북핵문제에 대한 기본적인 인식은 어떠했으며 노무현 정부의 대북정책 기본노선인 햇볕정책, 즉 평화번영정책이 북핵문제를 해결하는 열쇠가 될 수 있는지 여부를 분석하고, 북핵문제는 6개국의 합의와 토론으로 전개되어 지고 있지만 실질적으로는 북미간의 문제라는 것은 주지의 사실이다. 따라서 북핵문제를 해결하기 위한 한미간의 조율은 제대로 그 역할을 하여왔는지를 분석하고자 한다.

1. 북핵문제와 햇볕정책

노무현 정부의 대북관과 북핵문제는 밀접한 연관성을 가지고 있다. 노무현 정부의 북한에 대한 인식은 김대중 정부로부터 이어받은 햇볕정책에 근간을 이루고 있다는 것에는 큰 이의가 없는 것으로 보인다. 즉 노무현 정부의 대북정책의 기본적인 틀이 햇볕정책이고 북핵문제도 햇볕정책의 틀 속에서 추진되었다고 보인다.

(1) 햇볕정책으로 본 대북관

노무현 정부의 햇볕정책이라고 불리는 평화번영정책의 기본적인 틀에 대한 노무현 정부의 인식을 보면 다음과 같다.12)

① 모든 현안 문제를 대화를 통해 해결한다는 것이다. 그 동안 남북간의 주도권 다툼이라든지 무력을 바탕으로 한 남북문제의 해

12) 박광득, "참여정부의 대북정책과 북핵문제-햇볕정책과의 비교를 중심으로," 『영남정치학회보』, 제14호(영남정치학회, 2003), pp.43-62를 요약한 내용임을 밝힌다.

결이 아니라 상호간의 대화를 통해 문제를 해결하자는 것이다.

그 동안 남북간에는 대화를 통한 문제해결의 노력과 경험을 가지고 있다. 그러나 매번 북한 측의 억지 혹은 북한의 비정상적인 대남도발로 인하여 그 성과를 거두지 못한 것이 남북관계의 현대사라고 할 수 있다. 따라서 대화를 통한 남북관계를 이루기 위해서는 북한에 대한 지속적이고 점진적인 정치적 투자인 대북 원조나 지원이 이루어져야 한다는 것이 노무현 정부의 대북관이라고 볼 수 있다.

② 상호신뢰 및 호혜주의 실천이다. 남북간의 문제를 해결하는 가장 밑바탕이 되는 것이 바로 상호간의 신뢰라고 볼 수 있다. 그 동안 북한은 남한에 대해 신뢰를 주지 못한 것은 주지의 사실이다. 따라서 우리는 북한이 주장하는 것에 대해서 순수하게 받아들이지 않고 그들의 저의가 무엇인지를 먼저 고려하면서 철저하게 분석하고 대처하는 방식으로 일관하였고, 북한이 보는 남한도 같은 수준에서 생각해 왔다고 보아도 무방할 만큼 그 동안 남북한의 관계는 상호간의 신뢰구축이 무엇보다 필요하다는 것에는 동감하고 있다. 그러나 신뢰할 수 있는 동기부여를 하지 못하고 있다는 점에서 출발부터가 문제가 되고 있다는 것은 부인하지 못한다.

그러나 여기서의 호혜는 상호 평등주의에 입각한 호혜로 잘 못 인식하면 남북간의 문제를 더욱 악화시킬 수 있다는 것을 간과해서는 안 될 것으로 보인다. 대등한 호혜주의라는 것은 국제사회에서 찾아보기 힘든 것과 같이 남북간에도 호혜를 화폐가치와 같은 상호 균등이라는 개념으로 인식해서는 안 될 것이다. 노무현 정부의 호혜라는 것은 신축적이고 탄력적인 상호주의로 인식하여야 할 것으로 보인다. 남북한의 경제적인 측면, 정치적인 측면이 모두 다르기 때문에 우리가 생각하는 균등한 호혜주의로 생각하면 남북

간의 마찰을 야기할 수 있고, 국민적인 합의를 도출하기 매우 어려울 가능성이 있다는 점을 이해하여야 한다는 것이다. 따라서 노무현 정부는 이러한 탄력적 호혜주의를 바탕으로 대가 없는 일방적인 지원을 하여 왔으며 이러한 지속적인 지원만이 북한을 변화시킨다는 인식을 가지고 있었다.

③ 남북당사자 원칙에 기초한 국제협력의 원칙이다. 이는 남북간이 서로의 실체를 인정하자는 포괄적인 의미로 해석되어진다. 그 동안 서로를 부정하고 그 부정 위에서 자신의 위치를 공고히 하는 정책을 추진하여 왔던 것이 사실이다. 이러한 전략은 남북한이 국제화 시대를 살아가는데 전혀 도움이 되지 않는 것이 사실이다. 따라서 이제는 남북한이 상호간의 실체를 인정하고 당사국이 주장하는 바를 겸허하게 경청하여 주는 자세를 가지고 있어야 하고 서로가 국제사회에서 협력을 통한 상생의 정치를 실시하여야 한다는 것이다.

즉 한반도내에서의 남북한의 투쟁과 대결 방식은 주변국들에게 유리한 기회를 제공하여 줄 수 있을 뿐만 아니라 남북한의 입지와 주도권을 상실할 수 있기 때문에 이제는 국제무대에서의 남북한이 협력하는 모습을 보여주는 것이 남북문제를 용이하게 해결할 수 있는 첩경이 될 수 있고, 이는 나아가 주변국들의 한반도에서의 영향력을 줄이는 기회가 될 수 있을 뿐만 아니라 한반도가 열강이 경쟁하는 무대가 되지 않는다는 것이다. 따라서 국제무대에서의 남북간의 협력은 한반도에 해빙무드와 열강의 영향력 약화를 가져오게 하고 급기야는 한반도 문제를 당사국이 해결할 수 있는 기회를 제공받을 수 있다는 인식을 가지고 있었다.

④ 대내외적인 투명성 제고와 국민 참여의 확대 및 초당적인 협력이다. 노무현 정부가 투명성 재고 및 국민이 참여하는 대북정책

을 원칙의 하나로 내세운 것은 국민의 정부에서의 대북정책이 국민적 합의의 실패에서 기인한 것으로 해석된다. 국민의 정부에서의 대북정책은 정부라는 창구의 일원화로 인해서 국민들이 대북정책을 추진하는 과정에 참여하지 못함으로 인하여 국민적인 지지를 받지 못했다는 점이다.

따라서 노무현 정부에서는 대북정책을 추진하는 과정에서의 모든 문제를 투명하게 밝히고 국민들의 참여를 유도한다는 것이다. 그러나 어떠한 방법으로 국민들을 대북정책에 참여시킬 것인지에 대한 분명한 대안을 가지고 있지 않다는 점에서는 국민의 정부와의 차별성을 나타내기에는 설득력이 없다고 보인다. 국민의 합의 도출이라는 점에서 무엇인 국민의 합의인지에 대한 명백한 기준을 가지고 있지 않다는 점에서는 과거 정부와 다를 바 없다는 것이다.

과거 정부에서 실패한 대북 정책을 보면 거시적인 측면에서 통일에 대한 국민적인 홍보가 미흡했다고 볼 수 있다. 즉, 어떠한 상태가 통일인가에 대해 국민들은 정확히 인지하지 못하고 있다는 것이다. 그리고 통일의 방법으로 어떠한 것을 사용할 것인가에 대해서도 국민들은 무지하다고 보아도 무방할 정도로 홍보가 되어 있지 않다는 점을 깊이 인식하여야 할 것으로 보인다. 다시 말해서 그 동안 노무현 정부가 추진하는 통일이 국토 통일인가, 민족의 통일인가, 아니면 이념적인 통일인가가 불분명하다는 것이다. 그리고 통일의 방식이 무력에 의한 통일인가, 흡수통일인가, 합의에 의한 통일인가 모호하다는 것이다.

이에 대한 확실한 개념 정립이 되어야만 투명성 제고 및 국민들의 참여가 이루어 질 수 있을 것으로 보인다. 이것이 전제가 되지 않는 상황에서 말뿐인 국민의 참여 및 투명성 제고는 또 다시 과거 정부와 같은 우를 범할 가능성이 있다는 점을 고려하여야 할

것으로 보인다.

(2) 햇볕정책의 문제점

노무현 정부는 북핵 위기를 햇볕정책으로 해결하려 했고, 이로 인한 대북정책은 많은 문제점을 노정시키는 결과를 가져왔다. 따라서 햇볕정책에 의한 북핵문제 해결은 다음과 같은 문제를 가지고 있다는 것이다.

첫째, 햇볕정책은 우리가 잘 아는 바와 같이 햇볕이라는 연착륙 정책을 이용하여 북한을 개방시키고 북한을 국제무대로 끌어냄으로서 북한이 가지고 있는 위험성의 제거해 보자는 정책이다. 그러나 이 정책은 햇볕이 아무리 따뜻하다고 해도 햇볕을 피할 수 있는 그늘이 존재하면 바로 실패로 돌아갈 수 있다는 허점을 가지고 있다.

우리가 북한의 개방을 도와서 지원을 한다고 해고 우리보다 더 많은 지원을 하는 동맹국가가 존재한다면 북한은 우리의 의사에 동참하지 않을 것이라는 전제가 있는 정책이었다는 점에서 과거의 북한의 고립과 유사하다고 볼 수 있다. 다시 말해서 햇볕정책이 성공하기 위해서는 북한의 피할 수 있는 그늘[13]을 없애는 작업을 먼저 하여야 한다는 점이다. 즉 햇볕정책은 북한이 개방할 수밖에 없는 미궁으로 밀어 넣고 북한이 이를 피할 수 없는 상황을 만들어 놓아야 만 성공이 보장된다는 점에서 북한의 고립되기를 원하는 정책이라 해도 과언이 아니다.[14]

13) 북한 동맹국인 중국과 러시아 혹은 다른 국가가 존재하고 있는 현실에서는 햇볕정책의 성공을 기대할 수 없다는 것이다.

14) 박광득, "햇볕정책의 허와 실," 『영남정치학회보』 제13호(영남정치학회, 2002), pp.166-170.

둘째, 국민적인 합의에서의 실패라고 볼 수 있다. 김대중 정부에서 시작하여 노무현 정부에 이르기까지 햇볕정책은 북한의 변화와 개방을 위해 일방적인 퍼주기식 지원을 하였다는 점에서 국민의 지지를 얻어내지 못하고 국민의 반감과 남남갈등을 유발하는 원인제공을 하였다는 점에서 실패로 갈 수밖에 없었다는 점이다. 즉 인도주의적인 차원, 통일을 위한 전초 단계라는 명분 하에 북한에 대한 지원을 하였다는 점은 수긍이 가는 점도 있지만 이러한 지원의 결과로 나타나는 점이 미흡하다는 점에서 국민들의 지지를 도출할 수 없었다는 점이다.

셋째, 햇볕정책은 우리가 내놓은 정책으로 북한과의 합의에 의한 정책은 아니다. 따라서 이러한 정책에 대해 북한 어떻게 생각하고 있는지에 대한 문제를 전혀 고려하지 않았다는 점이다. 우리는 정책을 제시하고 성공을 기대하는 단계였고, 이러한 정책의 성공 여부에 대한 키는 북한에게 있었다는 점에서 성공을 기대하기 힘들었다고 볼 수 있다. 다시 말해서 북한이 햇볕정책을 수용하느냐 혹은 거부할 것인가는 북한의 의사에 달려 있지 우리하고는 전혀 관계가 없기 때문에 북한의 수용여부에 따라 햇볕정책의 성패가 좌우되는 이상한 정책이었다는 것은 부인할 수 없다. 즉 정책 발의자의 의지와는 무관하게 상대편이 이 정책을 받아들이면 성공이고 이를 무시하면 아무것도 아닌 정책으로 전락하는 정책이라는 것이다.

2. 한미공조의 부재

북핵 문제는 6자회담을 통해 문제를 해결하고자 하였고, 회담의 과정을 보면 미국의 입김이 가장 큰 역할을 하였고 이에 대한 수

용여부는 북한이라는 점에서 사실상의 6자회담은 북미간의 회의였고, 나머지 국가들은 북핵문제를 해결하는 과정에서 자국의 안보와 이익에 손해가 가지 않는다면 방관하는 자세로 일관했다고 볼 수 있다. 그러나 이해 당사자인 한국은 북핵문제가 어디로 진행되어지든 간에 가장 많은 영향을 받는 상황이라는 점을 감안한다면 북핵문제에 대해 우리의 목소리를 내야하는 입장이었다. 그러므로 북핵문제에 주도적인 역할을 하기 위해서는 미국과의 공감대 형성 및 북핵문제에 대한 한미동맹을 앞세워 미국과의 사전 협의 및 동조를 하는 것이 가장 바람직한 방향이었다고 볼 수 있다. 그러나 노무현 정부 내내 한미동맹은 이완되어 갔고 이를 지켜보는 국민과 주변국들은 우려를 금치 못하였다는 것이다.

다시 말해서 노무현 정부는 외교정책에서 많은 허점과 문제점을 노정시켰는데, 그 대표적인 것을 요약하면 ①국가 전략을 안보 우선 전략에서 남북 화해 전략으로 바꾸는 과정에서 국민적 동의를 얻지 못했고 ②대북정책만 중시하면서 대외정책의 우선순위에 혼선이 생겼으며 ③정치적 고려가 대외 관계를 좌우하고 아마추어리즘이 팽배해 있다는 점을 들었다.15)

이외에도 전시작전통제권의 환수 및 한미연합사령부의 해체를 주장하면서 자주국방을 이루어야 한다는 주장으로 민족적인 자부심을 고취하는 데는 성공하였는지는 모르지만 점점 멀어져가는 한미관계에는 신경을 쓰지 않았다는 측면이 있다.

따라서 북핵문제를 해결하는 과정에서 미국의 도움을 유도해 내지 못했을 뿐만 아니라 미국과 어긋나는 정책을 실시함으로써 미

15) 동아일보 화정평화재단, "북핵 난관 대응, 환자 살리는 길 아니다," http://www.donga.com/fbin/output?n=200708270057(검색일: 2008. 2. 20).

국의 빈축을 사기도 하였다. 그 대표적인 예가 북한 핵실험 후 미국을 비롯한 서방국가들이 북한의 핵 투명성이 보장되지 않는 한 북한의 경제적 원조를 중단한다고 발표하였지만 한국은 인도주의적 인장에서 북한을 지원한다고 발표함으로써 미국과는 관계는 이완되었다고 볼 수 있다.

노무현 정부 5년 동안 한미관계에 있어서는 자주와 탈미(脫美) 정책을 최우선과제로 설정하고 친미보다는 반미가 상위개념으로 치부하는 정책으로 일관하였다고 볼 수 있다.16) 이는 민족자주, 자주국방이라는 이상적인 국가목표를 설정하였다는 측면에서는 비난할 수 없는 상황이다. 그러나 국가 안보를 무시한 채 자주만을 강조함으로써 한반도 안보를 위해 최전선에 있는 미국과의 관계를 과소평가한 측면이 없지 않다는 것은 시사하는 바가 크다고 볼 수 있다.

이로 인한 한미간의 군사적 동조는 무너져 가고 있었다. 2005년 정부가 급변하는 북한 사태에 대비하기 위한 '작계 5029'17)

---

16) 따라서 노무현 정부의 대미 외교는 동맹보다는 자주라는 개념에서 출발함으로써 미국과의 갈등관계를 유지하였다고 볼 수 있다. 이념적으로 본다는 동맹관계는 최후의 수단이고 자주는 외교정책의 달성하여야 할 목표이다. 그러나 자주를 하기 위해서는 그에 상응하는 국방력 및 경제력을 갖추고 있어야 한다는 것을 인식하지 못한 것으로 해석된다.

17) 주한미군이 북한 정권의 붕괴 등 돌발사태에 대비해 세운 작전계획. 작계는 작전계획의 줄임말이고, 영문 약칭은 '오플랜(OPLAN)'이다. '5'는 미군이 한반도에 적용하는 작전에 붙이는 숫자이다. 작계 5029는 북한 정권의 붕괴 또는 북한 주민의 대량 탈북사태 등 돌발사태가 일어날 경우, 미국이 이를 동북아시아 전체의 안정을 위협하는 준전시상황으로 보고 작성한 개념계획이다. 그러나 이 개념계획이 작전계획으로 만들어졌는지는 확인되지 않고 있다. 『신동아』, 2007년 11월호 참조.

수립의 중단을 지시하면서 불거진 한미갈등은 10월 한미연례안보회의(ROK-US Security Consultative Meeting : SCM)때 한국이 공동성명에 핵우산 제공 조항 삭제를 요구했다가 미국이 거부한[18] 예를 보면 군사적인 측면에서의 한미공조까지 난항을 겪었다는 것을 알 수 있다.

또 하나 노무현 정부의 대표적인 정책 중 하나인 '동북아균형자론'에 대한 문제를 지적하지 않을 수 없다. 이는 2005년 2월 5일 국회 국정연설에서 언급한 내용으로 노무현 정부는 동북아 중심 국가로서의 역할을 하는 국가로 발돋움 하겠다는 것이다. 따라서 동북아 지역에서 세계 유일의 패권 국가인 미국과는 한미관계를 유지하면서 현상 유지를 원하는 일본과 지역의 패권을 노리는 중국 사이에서 한국이 균형자 역할을 하겠다는 야무진 정책이다. 이러한 정책은 노무현 정부가 제시한 정책으로 주변국들의 동조를 구한 정책이 아닐 뿐만 아니라 그들의 반응을 고려한 정책이라고 볼 수 없다는 것이다. 만약 동북아 지역에서 한국이 균형자 역할을 한다면 한반도 지역의 모든 패권을 한국이 선점하는 인상을 줄 수 있다는 점을 간과한 것으로 보인다.

이에 대한 미국의 반응은 매우 냉담하였다. 미국의 입장에서는 이 정책은 미국을 겨냥한 정책이라는 오해를 불러일으켰으며, 그 결과 미국은 한미동맹을 이탈하려는 시도로 간주할 정도로 한미관계는 악화일로로 가고 있었다. 다시 말해서 한국의 균형자 역할은 한반도 문제를 한국이 나서서 해결하겠다는 의도로 해석되어질 수 밖에 없는 정책이었고, 미국으로서 동북아 지역에서 전통적으로 가지고 있는 패권에 대한 도전이라고 받아들일 수 있는 상황이었

18) 『동아일보』, 2007년 12월 31일자 참조.

다. 이외에도 노무현 정부는 이라크 파병 때에도 파병과 미국의 대북정책을 빅딜하려다 미국의 반발을 사는 등 노무현 정부 내내 한미관계는 소원해지는 측면이 더욱 강하게 나타남으로서 북핵문제를 해결하는 기반을 잃어갔다고 볼 수 있다.

Ⅳ. 평가와 과제

본 절에서는 노무현 정부의 북핵문제에 대한 평가로서 긍정적인 부분과 부정적인 부분을 나누어 분석하고자 한다. 분석에 앞서 부연할 것은 5년이라는 짧은 기간 동안의 정책에 성과를 바로 평가 한다는 것은 문제가 있고, 어떠한 시각에서 분석할 것인가에 따라 결과는 상반되게 도출될 수 있다는 점을 간과해서는 안 될 것으로 보인다. 따라서 본 절에서의 분석이 객관적인 잣대가 될 수 없다는 것을 밝힌다.

1. 노무현정부의 북핵정책 평가

먼저 노무현 정부의 북핵정책의 긍정적인 면을 평가 한다면 향후 어떻게 변할지는 모르지만 잠정적으로는 더 이상 북한의 핵 개발과 핵 실험이 없을 것이라는 것이다. 이것 하나만으로도 노무현 정부의 북핵 정책은 성공하였다고 평가할 수 있다는 것이다. 그리고 이러한 북핵 억제를 위하여 9·19공동성명과 2·13합의, 10·3합의와 같은 문서상의 합의문을 도출하여[19] 북핵의 억제력을

19) 물론 한국 정부의 노력에 의해서 나타난 성과는 아니지만 6자회담에

더욱 강화시켰다는 점에서는 좋은 평가를 받을 수 있을 것으로 보인다.

또 하나 이러한 북핵 문제를 해결하는 과정에서 남북간의 접촉이 빈번해지고 급기야는 남북 정상회담을 성사시키는 등의 남북교류를 통하여 한국 정부가 원하고 있는 화해와 협력으로 갈 수 있는 토대를 마련하였다는 점에서 향후 남북관계의 발전에 상당한 공헌을 하였다는 점은 긍정적 측면으로 평가할 수 있을 것으로 보인다.

다소 다른 측면이지만 오늘의 북핵문제와 노무현 정부와는 상관성이 다소 결여 된다는 측면이다. 북핵 문제는 노무현 정부가 출범하기 이전에 발생한 일로 노무현정부와는 상관이 없는 사건이라는 견해이다. 그리고 이러한 북핵 문제는 노무현 정부 혼자서 해결할 수 없는 시대적 상황이었다는 측면이다. 다시 말해서 북핵문제는 엄밀히 말해 북한과 미국간의 문제라고 할 수 있다.[20]

북핵 문제가 발생할 당시의 미국은 부시행정부로서 부시는 이른바 ABC(Anything But Clinton)정책으로 전임 대통령인 클린턴이 취한 행동은 부조건 반대하고 거부한다는 정책으로 일관하면서 북한과 같은 나쁜 행동을 취하는 국가에 대해서는 보상하지 않고 대화는 하지만 협상하지 않는다는 입장을 고수하고 있는 시대적 상황이었다는 것이다. 따라서 북핵 문제는 미국이 나서서 문제를 해결하여야 함에도 불구하고 미국의 대북 강경노선으로 인하여 북핵문제는 해결되기는 보다는 점점 악화일로에 있었기에 이는 노

참여한 국가의 일원이었다는 측면에서는 나름대로의 역할을 하였다고 평가할 수 있다.

20) 김홍수, "참여정부의 출범과 북한 핵 위기," 『21세기정치학회보』 13집 1호(21세기정치학회, 2003), pp.117-119. 참조.

무현 정부가 아무리 노력한다고 해도 주변 분위기가 편승해 주지 못하는 상황이었기 때문에 북핵문제를 노무현정부의 책임으로 돌리기에는 다소 어패가 있다는 것이다.

그러나 이러한 긍정적인 측면의 이면에는 부정적인 측면이 많이 있다는 평가이다. 결론부터 분석하자면 노무현 정부의 5년 동안 과연 북한 핵의 투명성을 보장 받았는가하는 문제에서는 북핵문제의 완전한 종결이 이루어지지 않고 있는 시점에서 노무현 정부의 5년간의 북핵정책은 실패에 가깝지 않았는가 하는 문제이다. 북핵문제를 해결하는 과정에서 나타난 9·19공동성명과 2·13합의, 10·3합의 등은 북핵 문제의 가시적 성과라고 평가하는 것에는 이의가 없으나, 이를 이행하는 과정에서 과연 절차적으로 시간표에 따라 철저히 이행되고 있는가에 대해서는 할 말이 없을 것으로 보인다. 이것에 대한 답변으로 북한이 이를 이행할 의지 없다는 것으로 일축하고 있지만 북한과의 신뢰가 없는 합의를 하였다는 측면에서는 우리 측의 책임을 전가할 수 없다는 것은 분명하다.

우리 측은 이러한 과오를 범하지 않기 위하여 북한을 설득한다는 측면에서 대북지원이라는 경제적 대가를 지불하면서 우리의 프로그램에 맞도록 유도하였다고 볼 수 있다. 그러나 현재까지의 북한 지원 프로그램은 일시적이고 단발적인 효과를 나타낼 뿐 전반적인 북한의 태도를 변화시키지 못하고 북한에게 좋지 않은 습관만 남기게 되었다는 것이다. 다시 말해서 북한과 하나의 문제를 해결하기 위해서는 상당한 대가를 지불하여야 한다는 못된 습관을 우리가 북한에게 주었다는 것이다. 따라서 북한에 대한 인도주의적인 지원 자체가 퍼주기식의 지원으로 비추어 졌고, 국민적인 합의가 없는 북한에 대한 끝없는 지원으로 평가 되었다는 것이다.

이와 같이 무원칙적인 북한 지원은 북한 체제를 변화시키기에는

한계를 가지고 있었다는 것이다. 이러한 결과는 한국 정부는 북한에 대한 저자세 정책으로 일관하였다고 볼 수 있으며, 북한은 남한 정부에 요구만 하면 무엇이든 이루어진다는 빌미를 주었다고 볼 수 있다.

다음으로 노무현 정부가 일관되게 추진하여 온 햇볕정책은 북핵과 관련하여서는 실패하였다고 볼 수 있다. 햇볕정책으로 북한을 변화시키고 변화된 북한을 통일로 유도하겠다는 의도는 명분이 있어 보이지만 김대중 정부부터 실시하여 온 햇볕정책의 결론은 북한의 핵무장화를 가져 왔으며, 햇볕정책의 구상과는 전혀 다른 방향인 남북간의 군사 불균형은 물론 동북아의 안보를 저해하였을 뿐만 아니라 이로 인하여 남북한 통일은 당사국에 의해 실시하려 하였지만, 북핵 문제로 인하여 한반도 문제에 자연스럽게 주변국들이 관여하는 빌미를 만들어 줌으로 인하여 한반도 문제를 주변국들에 일임하는 결과를 낳았다는 측면에서는 북핵 문제는 한반도 문제를 뒤로 돌리는 결과를 가져왔다고 볼 수 있다. 따라서 노무현 정부가 추진하여 온 햇볕정책은 통일 지향적이 아니라 분단의 고착화 또는 열강들의 한반도 간섭을 합법화 해주는 단서를 마련함으로서 자주적인 통일이 아니라 주변국에 의한 통일로 이어질 수 토대가 되었다는 것이다.

햇볕정책의 또 하나의 문제는 정책의 시작과 더불어 이에 상응하는 모든 비용은 일방적으로 남측에 제공하고 있으나, 이에 대한 수용여부의 결정권이 북한에 있다는 것이다. 따라서 정책의 유지 지속에 대한 결정도 남측은 전혀 의사를 표출하지 못하고 북의 눈치를 보아야 하는 이상한 구도를 가지고 있는 것이 실패의 요인이라고 보이며, 이러한 관계의 지속은 노무현 정부 5년 동안에 북한에 끌려나다니 모양새를 벗어나지 못하였다고 볼 수 있다.21)

또 하나 노무현 정부의 북핵 정책의 문제점으로 나타나는 것은 노무현 정부의 출발과 함께 발생한 북핵문제로 말미암아 한반도 비핵화가 정책의 최고 목표로 설정되어 한반도 비핵화만 되면 남북문제 모든 것이 해결된다는 인상을 주었다는 것이다. 따라서 비핵화를 위해서는 무엇이든 양보할 수 있고 무엇이든 제공할 수 있다는 비핵화에 올인하는 정책을 추진하였다고 볼 수 있다.[22)]

한반도 비핵화는 남북한 통일을 위한 하나의 걸림돌이지 비핵화가 바로 남북한 통일이라는 등식이 성립되지 않는다는 것을 인지하여야만 했다. 그러나 남북문제의 모든 해결의 첫 걸음이 비핵화로 집중되어지는 느낌을 주었다는 것이다. 물론 이러한 설정 자체는 미국이 주었지만 미국의 입장과 한국의 입장은 다르다는 것을 간과하였다고 사료된다. 미국의 입장에서는 동북아에서의 패권을 유지하기 위해서는 동북아의 현상유지를 희망하였고 북한의 핵 보유는 이러한 현상유지를 파괴하는 요소이기 때문에 남북한 문제의 첫걸음은 북핵문제의 해결이었다고 할 수 있다. 그러나 한국의 입장에서는 한반도의 최종 목표는 자유민주주의식 평화통일이었기에 비핵화가 주목표가 아니라는 것을 깊이 인식하여야 했다는 것이다.

다른 측면에서 보면 북핵 문제를 너무 과소평가하였다는 상반된 해석도 있다. 즉, 제2차 남북정상 회담이 우여곡절 끝에 성사가 되었다면 이 회담에서는 가장 중요한 문제로 부각되고 있는 핵 문제에 대한 논의가 우선적으로 이루어져야 함에도 불구하고 핵 문제는 논의가 되지 않음으로서 미국을 비롯한 주변국들에게 실망을

21) 『동아일보』, 2008년 1월 22일.

22) 이 과정에서 북한 핵에 대한 올인 정책은 여론과 국민적인 정서를 무시하는 대북지원으로 이어져 남남갈등을 야기하는 원인을 제공함으로서 노무현 정부의 북핵 정책은 지지를 받지 못했다고 볼 수 있다.

안주었을 뿐만 아니라 국민들에게도 북핵 위협에서 벗어날 수 있는 대책을 제시하지 못하였다는 우를 범하였다고 할 수 있다. 다시 말해서 2차 남북 정상회담은 정권 말이라는 시간적인 문제와 대선을 앞둔 상황을 전혀 고려하지 않고, 김정일 위원장의 답방이 없는 상황에서 일방적으로 치러진 비정상적인 정상회담이 됨으로 인하여 중요한 현안을 놓치는 결과가 되었다는 것이다.

2. 과제 및 시사점 : 새 정부의 과제

노무현정부의 5년간의 북핵 정책은 시사하는 바가 크다고 할 수 있다. 5년간의 시행착오와 북한의 의도를 어느 정도 파악한 만큼 새로 출발하는 정부는 북핵에 대한 새로운 전략을 입안하여야 한다는 것은 당연한 귀결이라고 볼 수 있다. 또한 차제에 북한의 행동을 보면 이명박 대통령이 당선된 이후부터 새 정부가 출범한 현재까지 북한은 침묵을 지키고 있는 이유는 무엇인가는 굳이 설명하지 않아도 짐작이 갈 것으로 보인다. 새로운 정부는 북한과의 새로운 관계를 구축할 수 있는 토대가 마련되었다고 볼 수 있으며 북한도 과거의 정부와는 다른 시각을 가지고 있는 정부라는 것을 인식하고 있는 것으로 사료된다. 따라서 새로운 남북관계, 새로운 북핵 모델이 설정될 것으로 보인다. 그러나 북핵문제를 해결해 나가는 과정에서 다음 사항은 유의하여야 할 것으로 보인다.

첫째, 햇볕정책이라는 이상주의적 정책에서 실용주의적 대북관계의 전환이 이루어져야 한다는 것이다. 새 정부가 내세우는 기치의 하나는 실용주의라고 할 수 있다.[23] 따라서 대북관계도 실용

23) 조성렬, "대북정책의 성공적인 전환을 위한 제언," 『Peace colum m』 제35호(평화재단, 2008.1.21) 발표문 참조.

주의로 전환할 것으로 보인다. 그러나 유의할 것은 전환이 하나의 연계성을 가지고 전환하여야 한다는 것이다. 급진적인 전환 완전 상반된 정책을 내 놓았을 경우 북한이 이를 수용할지 여부를 사전에 분명히 고려하여야 할 것으로 보인다. 만약 급진전인 전환을 할 경우가 있다면 북한이 이를 받아들일 시간적 여유를 제공하여야 할 것으로 보인다. 따라서 급진적인 전환보다는 초기에는 과거 정부와의 연계성을 갖고 추진하면서 서서히 현 새 정부의 의도대로 전환하는 것이 필요하다고 보인다.

둘째, 대북지원과 비핵화는 연계성을 가지고 추진하여야 한다. 노무현 정부는 북핵문제와 북한에 대한 지원을 별개로 추진하였다는 인상을 지울 수 없다. 즉 북한의 핵실험과 핵 보유가 확인된 마당에서 미국을 비롯한 선진 국가들이 북한의 경제적 제재를 선포하였음에도 불구하고 노무현 정부는 정경분리의 원칙 또는 인도주의적인 차원이라는 미명아래 북한의 지원을 지속적으로 추진하였다는 것은 주지의 사실이다. 노무현 정부가 출범한 이후 김대중 정부 시절 북한에 제공된 4억 5천만 달러가 남북정상회담 직전 제공됨으로서 여러 가지의 의혹을 낳았을 뿐만 아니라 북한에 잘못된 버릇을 제공하는 단서가 되었다는 것을 특별 검사팀이 수사하였음에도 불구하고 노무현 정부는 계속적으로 남북경협이라는 명분 하에 대북 투자와 지원을 계속하였다. 다시 말해서 잘못된 사례가 있었음에도 불구하고 무분별한 대북지원을 계속함으로서 상황이 어떻게 변하든 노무현 정부의 대북정책은 변할 수 없다는 것을 강조하기도 하였다.[24)]

그 동안 북한에 지원 된 금액을 보면 노무현 정부 첫해인 2003

24) 『동아일보』, 2008년 1월 2일 참고

년에는 4420억원, 2004년에는 3892억원으로 2005년에는 6517억원으로 급증하였고 2006년에는 4621억원으로 다소 줄어들었다. 그 이유는 2006년 7월 북한 대포동 미사일 발사와 동년 10월 북한의 핵실험의 영향을 받은 것으로 해석되어 진다. 그러나 2007년 11월 현까지의 지원 금액을 보면 5691억으로 증가 추세를 보이고 있고 통일원 관계자의 말에 의하면 2007년도 사업비 집행규모가 8000억-9000억원으로 예상된다고 할 정도로 대북지원이 많아지고 있다고 볼 수 있다. 이러한 대북지원이 이루어지고 있음에도 불구하고 북한은 변화의 움직임이 미미하다는 것이 문제이다.

물론 이러한 대북지원이 북한의 무분별한 행동을 억제하고 남북간의 유연한 관계를 유지하는 측면이 없다는 것은 아니다. 그러나 북한의 핵 보유에 가장 위협을 받는 쪽은 한국 정부라는 것을 감안할 때는 미국과 주변국들이 북한에 대한 제재를 할 때는 우리도 같이 보조를 맞추어 나가는 것이 좋을 것으로 사료된다.

그 동안 북한이 대가를 바라면서 남한정부를 유도하였듯이 우리도 북한이 변화하면 하나의 대가를 지불한다는 상호주의적인 측면을 북한에 보여주어야 할 것으로 보인다. 이명박 새 대통령도 당선인 신분으로 있을 당시 북한이 변화가 있어야만 우리도 북한을 지원한다고 천명하였듯이 이재는 완전한 상호주의는 아니지만 탄력적인 상호주의에 입각하여 대북지원은 반드시 한반도 비핵화와 연계하는 것이 절실하다고 보인다.

셋째, 한미관계의 복원이라고 할 수 있다. 결론적으로 보자면 노무현 정부의 한미관계는 여러 가지 측면에서 불협화음을 제공하였고 미국의 부시행정부가 노무현 정부를 신뢰하지 않을 정도까지 한미관계는 매끄럽지 못하였던 것이 사실이다. 따라서 새 정부는

이러한 시행착오를 반복하지 않기 위해서 북핵 문제를 해결하는 가장 중요한 실마리인 한미관계의 복원이 우선시 되어야 할 것으로 보인다. 노무현 정부는 북한의 핵 개발이 발표된 시점에서도 "북한의 핵 개발은 일리가 있는 측면이 있다"라는 발언으로 한미관계는 극도의 험악한 분위기를 도출할 정도였다. 따라서 그 동안 북핵문제를 해결하는 과정에서 미국과 한국은 동조체제를 형성하기 보다는 서로 다른 길을 걷는 형식이었다고 할 수 있다.[25]

한미간의 유연한 관계유지는 북한의 핵 문제를 해결할 뿐만 아니라 대북정책에 대한 공조, 비핵화를 위한 한미간의 조율, 한반도 평화체제 유지 및 한미 경제 협력의 문제를 자연스럽게 풀어나갈 수 있는 기초적인 발판이라고 할 수 있다. 한미관계의 공조체제가 유지된다면 문제가 되는 현안들 -전시작전권의 반환문제, 와해된 남방 삼각체제(한・미・일)의 복원, FTA문제, 국군포로문제, 이산가족 상봉 확대 등- 을 조속한 시일 내에 해결할 수 있을 것으로 보인다.

넷째, 새 정부는 북한 핵 문제를 해결하는 첫 단추로 현재까지 합의된 내용들-9・19공동성명, 2・13합의, 10・3합의-를 북한이 먼저 이행하는 성의를 보여야 한다는 것을 주지시켜야 할 것으로 보인다. 그 동안의 남북한은 다양한 유형별로 합의도 하고 선언도 하고 조약성이 강한 문서를 교환하여 왔다. 그러나 합의와 실천은 별개로 진행되고 있어 북한과의 합의는 이행하지 않아도 별 문제가 없다는 인식을 강하게 주어왔다는 것은 부인할 수 없는 사실이다. 이러한 인식으로 말미암아 북한은 하나의 지원과 대가를 얻어

25) 조경근, "북핵위기의 전개와 한국외교의 과제," 『통일전략』, 제7권 1호(한국통일전략학회, 2007), pp.89-90 참조.

내기 위하여 이행하지 않을 합의를 도출하고 대가를 얻은 후에는 여러 가지 이유를 들어 파기해 버리는 관행을 반복해 왔다고 볼 수 있다. 이와 같은 남북관계가 그대로 지속된다면 새 정부에서도 과거와 같은 남북관계가 지속될 가능성이 있다는 것은 명심하여야 할 것으로 보인다.

따라서 새 정부에서는 북핵 문제를 해결하는 과정에서 당사국과 주변국들이 긴 시간 동안 머리를 맞대고 만들어 놓은 9·19공동성명, 2·13합의, 10·3합의를 먼저 이행하는 것이 선행되어야 다른 문제로 나아갈 수 있다는 것을 북한측에 환기시킬 필요가 있을 것으로 보인다. 이러한 행동은 향후 대북한 정책을 순조로이 해결할 수 있는 하나의 사례가 될 수 있을 것으로 보인다. 만약 북한이 자신도 같이 합의한 내용들에 대해 여러 가지 이유를 들어 이행을 하지 않을 경우 위에서 언급한 대북지원 및 경제 협력이 없다는 것을 분명히 보여주는 것이 북한의 핵문제를 해결하는 하나의 관건이 될 수 있을 것으로 보인다.

그러나 상술한 바와 같은 너무 강압적인 북한 목조르기는 우리가 의도하는 바와는 상반된 결과를 가져올 가능성이 있다는 것을 인식하고 있어야 한다는 우려를 제기하기도 한다. 따라서 북핵문제를 원만하기 해결하기 위해서는 북한이 이를 이행하였을 경우 북한에 대한 지원 계획뿐만 아니라 투자 및 경제협력에 관한 상세한 로드맵을 제공함으로서 투명하고도 분명한 대북정책을 제시하여야 한다는 것이다.

V. 결 론

북핵문제는 한반도의 안보와 평화에 적지 않은 영향을 줄 뿐만 아니라 동북아 지역안보에도 막대한 파급 효과를 준다는 것은 부인할 수 없는 사실이다. 따라서 한반도의 평화와 안전을 확보하기 위해서는 북핵 문제는 해결되지 않으면 안 되는 하나의 이슈이다. 특히 미국과 같이 동북아에서의 패권을 장악하고 있는 국가로서는 북한이라는 국가가 핵을 보유한다는 자체만으로도 한반도의 안정을 확보할 수 없을 뿐만 아니라 나아가서는 태평양 안보에도 영향을 미칠 수 있다는 판단 하에 북한의 핵 투명성을 위해서는 어떠한 조치로 강구할 수 있다는 강력한 의사를 표명하고 있는 실정이다.

노무현 정부도 북핵 문제는 한국의 안위와 직결된다는 인식하에 5년 동안 북한의 비핵화를 위한 노력을 경주하여 왔다. 그러나 노무현 정부의 북핵 정책은 북한의 핵 개발에 대한 잘못된 인식과 한미간의 조율 부족으로 인하여 가시적인 해결을 보지 못한 채로 새 정부에게 막대한 짐을 안겨주었다고 볼 수 있다. 상술한 바와 같이 노무현 정부의 대북관 및 북핵에 대한 인식은 미국을 비롯한 주변국들의 인식과는 다소 다름으로 인하여 주변국들과 불편한 관계로 일관하는 관계를 유지하였다. 특히 김대중 정부로부터 이어받은 햇볕 정책은 10년 동안을 유지하였지만 현재까지 북한 문제를 해결하기는 보다는 핵실험과 북한의 핵 보유를 기정사실화하는 결과를 낳았다는 것은 햇볕정책이 실패하였다는 단적인 예라고 볼 수 있다.

그러나 노무현 정부의 북핵 정책이 완전히 실패하였다고 단정짓기에는 무리한 측면도 없지 않다. 그 동안 북한과의 교류와 접촉

을 통해서 여러 가지의 합의 사항을 도출하였고, 6자회담에 참여하여 합의를 이끌어냄으로서 더 이상의 핵을 개발하지 않고 있으며, 합의 사항에 따라 핵을 포기하는 과정에 있다는 점은 긍정적인 측면으로 받아들일 수 있다는 것이다. 따라서 북한이 핵실험과 핵 보유를 선언하였지만 이로 특별한 인한 피해의 사례 없이 오늘에 왔다는 것은 북핵에 대한 정책이 어느 정도 완성 단계에 있다는 평가이다. 그러나 문제가 되는 것은 이러한 단계가 이르기까지 북한을 유도하기 위해 막대한 대가를 지불하였으며, 지불한 대가에 대한 결과가 너무 미미하다는 것이 문제이다. 북한에 매년 수천억 원 이상의 대가를 지불하였지만 북한은 한국의 상황을 전혀 고려하지 않고 미국과 당당하게 외교를 전개하고 있다는 것이다.

이와 같이 북핵에 대해서 해결되지 않은 문제가 산적해 있고, 이를 해결하지 않고서는 대북문제를 극복할 수 없다는 것이 현 정부의 과제라고 할 수 있다. 현 정부는 실용주의적 대북관을 전개하겠다고 언급함으로써 단기적인 측면에서는 과거와 같이 북한에 끌려 다니면서 퍼주기식 지원으로 일관하지는 않을 것으로 보인다. 그러나 유의하여야 할 것은 대북 정책의 급진적인 변화는 오히려 역효과를 초래할 가능성이 있다는 것을 인식하여야 할 것으로 보인다. 북한은 이미 10년 동안 남한의 대북정책에 길들여져 있는데 갑작스런 대북정책의 변화를 수용할 자세가 되어 있지 않다는 것이다. 따라서 시간을 가지고 점진적인 변화를 추구하면서 변하지 않으면 지원도 없다는 분명한 원칙을 주지시킬 필요가 있다고 본다. 이와 더불어 남북문제를 해결하기 위해서는 미국의 동조가 필요한 관계로 그 동안 소원했던 한미관계를 복원하는 로드맵을 작성하여야 할 것으로 보인다. 이와 같은 문제가 해결된다면 한반도의 비핵화 문제와 더불어 남북관계도 흐림에서 맑음으로의

전환이 이루어 질 수 있을 것으로 보인다.

□ 참 고 문 헌

김일수·정태일, "2·13합의와 북핵문제해결에 대한 전망," 『국제정치연구』 제10집 2호, 대구: 동아시아국제정치학회, 2007.

김홍수, "참여정부의 출범과 북한 핵 위기," 『21세기정치학회보』 13집 1호, 부산: 21세기정치학회, 2003.

남궁영, "북한의 핵 개발과 미국 : 북한의 생존 전략과 미국의 세계전략을 중심으로," 『21세기정치학회보』 13집 2호, 부산: 21세기정치학회, 2003.

박광득, "6자회담과 북핵문제에 대한 제언들," 『영남정치학회보』 제15호, 대구: 영남정치학회, 2004.

박광득, "참여정부의 대북정책과 북핵문제-햇볕정책과의 비교를 중심으로," 『영남정치학회보』 제14호, 대구: 영남정치학회, 2003.

박광득, "햇볕정책의 허와 실," 『영남정치학회보』 제13호, 대구: 영남정치학회, 2002.

정경환, "북한 핵실험이후 우리의 대북정책 방향," 『통일전략』 제7권 1호, 부산: 한국통일전략학회, 2007.

조경근, "북핵위기의 전개와 한국외교의 과제," 『통일전략』 제7권 1호, 부산: 한국통일전략학회, 2007.

조성렬, "대북정책의 성공적인 전환을 위한 제언," 『Peace columm』 제35호, 평화재단, 2008.1.21 발표문.

허문영, 『북핵보유선언 : 향후 정세전망과 우리의 정책 방향』, 통일연구원 정책연구시리즈 2005-01, 서울: 통일연구원, 2005.

『동아일보』 2008년 1월 22일.
『동아일보』, 2007년 12월 31일.
『동아일보』, 2008년 1월 2일.
『동아일보』, 2008년 2월 14일.
『신동아』, 2007년 11월호.

http://www.donga.com/fbin/output?n=200708270057(검색일 2008. 2. 20).
http://www.unikorea.go.kr(검색일 2008. 2. 19).
http://www.unikorea.go.kr(검색일 2008. 2. 20).

〈Absract〉

A Study of Roh Moo-Hyun Government and North Korea's Nuclear Policy : Issue and Prospect

Park, Kwang Deuk (Daegu university)

This ssay aims to analyze the inter-Korean summit and Joint Declaration of June 2000 toward "reconciliation and cooperation" between North and South Korea provided a turning point toward establishing peace on the Korean peninsula. In the following October, DPRK National Defense Commission First Vice Chairman Jo Myong-rok visited the United States, which led to the DPRK-U.S. Joint Communique, which in turn created a real step toward improving North-South Korean relations. But after the inauguration of George W. Bush as U.S. president in 2001, the relationship took a turn for the worse. In 2002, the rising of the North Korea nuclear issue restricted ROK-DPRK and U.S.-DPRK relations, and also raised tensions on the peninsula. With the worsening of the nuclear issue in 2003, the coming Roh Moo-hyun government in South Korea presented its priority policy task for diplomacy, national security, and unification: the building of a peace system on the Korean peninsula. By pushing forward parallel policies, the government tried to develop North-South Korean relations and solve the North Korea nuclear issue. Over the last two years, the result of this drive has produced some fruits, along with some problems. Let's begin with the fruit. There has been a stabilization of the situation on the Korean peninsula. Through the deterioration of the DPRK-U.S. relationship has come mutual cooperation among South Korea, Japan, and the United States, as well

as China and Russia, on a regional policy approach toward the denuclearization of the peninsula, most evident in the six- party talks framework that seeks to find a peaceful and diplomatic solution to the the peninsula "nuclear free." Also, the issues of realignment and reduction of the U.S. military in the region have been actively addresses. This mutual understanding and active management has helped minimize both citizens' fears concerning national security and the international community's anxiety over peninsular security.

Key Words : North Korea's Nuclear, Nuclear Crisis and Denuclearization of the Korean Peninsula, Roh Moo-hyun Government, North-South Korean Relations, Six- Party Talks, 2·13 Agreement.

제4장 노무현 정부의 평화번영정책과 제2차 남북정상회담

김 창 희*

〔국문요약〕

본 논문은 노무현 정부의 평화번영정책이 지난 5년간 어떻게 추진되어 왔는가를 살펴보고 평가해 보려는 것이다. 평화번영정책이 핵심적으로 추구하고 했던 한반도 평화체제 구축의 근간인 북핵문제 해결과 평화협정 등의 정치적인 문제를 제2차 남북정상회담과 연결시켜 평가해 보려한다. 먼저 평화 번영정책의 목표와 추진전략이 어떠한 이론적 바탕위에서 설계되었고 진행되어왔는가를 검토해 본다. 노무현 정부가 평화번영정책을 추진하는데 가장 어렵게 작용한 것이 북한 핵문제 이고, 여기에서 초래 된 북·미간의 갈등이 증폭되었다. 6자회담의 9.19공동성명은 노무현 정부가 추진했던 정책과 일치되면서 탄력을 받으리라 기대를 하였다. 그러나 BDA문제 등이 북·미간 뿐만 아니라 남·북간의 관계를 어렵게 만들었다. 북한의 미사일 발사, 핵 실험 상황이 발생하자 미국이 주도하는 유엔 안보리의 대북제재가 결의되는 등 대북압박을 가했으나, 노무현 정부는 일부 동참의사를 밝히면서도 대북포용이라는 일관성 있는 정책을 유지했다. 우여곡절 끝에 6자회담에서 2.13합의가 이루어지고 북핵 문제를 행동 대 행동으로 단계적으로 풀어나가기로 하였다. 제2차 남북정상회담은 이렇게 북핵문제 해결을 위한 합의가 이루어진 상황이었기 때문에 이루질 수 있었다. 또한 남북 양 정상의 의지가 있기에 가능했다. 남북정상회담은 평화번영정책의 하나의 큰 결실이라고 할 수 있다. 특히 정치적으로 민감한 문제가 정상선언에 언급되

* 전북대학교.

었다. 그것은 평화체제구축을 위해 정전체제의 종식과 종전선언을 하는 문제 추진, 한반도 핵문제 해결을 위해 6자회담의 9.19공동성명과 2.13합의의 순조로운 이행에 공동 노력, 평화협력특별지대를 설치하고 공동어로수역과 평화수역 설정문제였다. 이것이 가지는 의미와 문제는 무엇인가를 나름대로 분석해 본다. 결국 노무현 정부의 평화번영정책은 그동안 남북한 간의 교류와 협력을 증진시켜 평화협력의 단계로 진입케 했고, 남북정상선언으로 남북관계를 제도화에 노력을 했으나 부수되는 문제점도 존재하고 있다.

주제어 : 평화번영정책, 북핵문제, 9.19공동성명, 2.13합의, 제2차 남북정상회담, 종전선언, 평화협력특별지대, 평화협력.

Ⅰ. 서 론

노무현 정부가 출범하면서 내놓은 대북정책은 '평화번영정책'이다. 이는 김대중 정부의 대북포용정책을 이어 받은 것으로 좀 더 포괄적인 의미를 담고 있다. 평화번영정책이라는 용어가 공식적으로 나온 것이 2003년 2월 25일 노무현대통령의 취임사를 통해서이다. 노무현 대통령은 한반도 평화증진과 공동번영을 목표로 하는 '평화번영정책'의 구체적인 방안으로 ① 현안의 대화를 통한 해결, ② 상호신뢰 우선과 호혜주의 실천, ③ 남북당사자 원칙에 기초한 국제협력, ④ 대내외적 투명성과 국민참여의 확대 그리고 초당적 협력을 구체적으로 제시하였다.

그러나 한반도 주변 국제정세는 평화번영정책의 추진을 어렵게

만드는 요인들도 가득 차 있었다. 2002년 10월 미국의 제임스 켈리 국무부 동아태담당 차관보가 부시대통령 특사자격으로 평양을 방문한 이후, 북한 핵문제가 새롭게 전개되기 시작하였다. 북한은 2003년 1월 NPT탈퇴를 선언하였고, 외무성은 미국이 '선핵포기, 후 대화재개'라는 조건부 태도는 자신들을 기만하는 것이라 단정하였다. 3월의 이라크 전쟁의 발발은 북한에 대하여 미국의 말없는 엄포로 작용하였다. 그 뒤 북한 핵문제는 북・미・중국간의 3자회담 그리고 남북한 주변 4개국의 포함한 6자회담으로 진전되었다. 6자회담은 4차회담에서 '제4차 6자회담공동성명(9.19공동성명)'으로 북핵문제가 풀려나가는 것으로 보이기도 하였다. 그러나 바로 이어진 방코델타아시아(BDA)은행의 금융제제문제가 제기되면서 북・미간의 갈등이 고조되었고 6자회담은 다시 표류하였다. 이후 북한에서 행하여진 미사일 발사와 핵 실험도 이 연장선상에서 보아야 한다.

평화번영정책 근간으로 하는 노무현 정부의 대북정책은 이 같은 북・미간의 갈등 속에서 어렵게 진행되었다. 민간교류나 남북경협면에서는 활발한 양상을 보여 2003년 경의선과 동해선의 임시도로가 개설되었고, 2004년에는 육로통행시대가 본격화 되었다. 2003년 6월 착공한 개성공단은 남한의 자본과 기술이 북한의 토지와 노동력을 만나 안정된 경제협력사업으로 자리를 잡았다. 남북간의 장관급 회담이 2003년과 2004년에 걸쳐 다섯 차례 개최되었으나, 미국의 북한인권법, 대규모 탈북자의 남한 입국, 김일성 10주기 조문문제 등으로 장관급 회담의 중단이 길어지기도 하였다.

2005년 6자회담의 교착상태에서 북핵 상황의 악화를 막기 위해 노무현 정부는 중대 제안을 제시하였다. 2005년 6월 정동영 통일부장관이 김정일 위원장과 극적 면담을 하면서 이루어진 전력

지원 제안은 6자회담 재개의 강력한 요인으로 작용하였다. 북한 핵실험 및 UN안보리의 대북제재 결의 국면에서 대화를 통한 문제 해결과 국제적 협조의 양면 전략을 구사하였다. 문제가 없었던 것은 아니지만 2007년 '9.19공동성명 이행을 위한 초기조치(2.13합의)' 이후 정상회담이 이루어졌고, 정상회담은 한반도 평화정착을 위해 기여를 한 것으로 평가되고 있다. 노무현 대통령은 2008년 2월 24일까지 5년간의 임기를 마치고, 25일 이명박 대통령이 취임하였다.

이 논문은 5년간의 노무현 정부의 대북정책을 평가해 보려는 것이다. 특히 평화번영정책이 핵심적으로 추구하고자 했던 한반도 평화체제 구축의 근간인 북핵문제 해결과 평화협정 체결문제를 제2차 정상회담과 연결시켜 평가해 보려한다. 그러므로 남북경협이나 사회문화교류 문제에 대한 것까지 포괄적으로 분석하지 못하는 것은 한계로 남는다. 이 논문은 먼저 평화 번영정책의 목표와 추진전략이 어떠한 이론적 바탕위에서 설계되었고 진행되어왔는가를 검토해 본다. 2.13합의 전후 노무현 정부가 어떠한 역할을 했고, 의도한 결과를 가져왔는가도 살펴본다. 제2차 남북정상회담은 평화번영정책의 하나의 큰 결실이라고 할 수 있는데, 이것이 가지는 의미와 문제는 무엇인가를 나름대로 분석해 본다.

Ⅱ. 평화번영정책의 목표와 이론적 토대

1. 평화번영정책의 목표와 추진원칙

평화번영정책은 노무현 정부의 통일·외교·안보정책 전반을 포괄하고 있는 기본 구상이다. 이는 김대중 정부의 대북화해협력정책과 큰 흐름을 같이하면서 내용이나 형식을 보완 발전시킨 것이다. 김대중 정부에서의 대북화해협력정책은 1단계 한반도 위기관리, 2단계 냉전구조해체를 추진해 왔다. 김대중 정부의 대북화해협력 정책은 6.15남북공동선언을 도출함으로써 1단계목표는 완전하게 이루어졌다. 그러나 2단계 목표까지는 달성하지 못한 상태에서 노무현 정부로 넘어왔다. 그러므로 노무현 정부에서 이루고자 하는 하는 목표는 한반도 평화의 증진과 정착문제였고, 남북평화협정 체결까지를 염두에 두었다.

노무현 정부 출범과 함께 제기한 평화번영정책은 한반도에 평화를 증진시키고 남북 공동번영을 추구함으로써, 평화통일의 기반조성과 동북아 경제중심국가로의 발전 토대를 마련하고자 하는 것이었다.[1] 그간의 대북화해협력정책이 북한을 대상으로 한 것이라면, 평화번영정책은 한반도와 동북아지역으로 대상범위를 넓혔다. 구체적으로 살펴보면 남북관계에 있어서는 주변국가와 협력하여 당면한 북한 핵문제를 평화적으로 해결하고 이를 토대로 남북의 실질협력 증진과 군사적 신뢰구축을 실현하고자 하는 것이었다. 그리고 북미·북일 관계 정상화를 지원하여 한반도 평화체제를 구축하며 나아가 남북 공동번영을 추구하여 평화통일의 실질적 기반을 조성하고 동북아 경제 중심국가 건설의 토대를 마련하려는 것이었다.[2]

1) 통일부, 『통일백서』, (통일부, 2005), p. 24.

2) 2003년 2월 25일 노무현 대통령의 취임사는 평화번영정책의 토대가 되었고, 이를 구체적으로 다듬어 체계화하였다. 취임사의 일부는 다음과 같다. "진정한 동북아시대를 열자면 먼저 한반도에 평화가 제도적

평화번영정책의 추진원칙을 다음과 같이 네 가지로 제시하였다.[3] 첫째로 대화를 통한 문제해결이다. 한반도는 불안정한 정전체제와 군사적 대치상황으로 인해 긴장과 갈등이 지속되고 있어 무력충돌 가능성이 상존하고 있으므로 모든 현안사항은 반드시 대화를 통해 평화적으로 해결한다는 점을 원칙으로 설정하였다. 둘째로 상호신뢰 우선과 호혜주의이다. 서로를 인정하는 토대 위에서 충분한 이해를 바탕으로 상호 신뢰 우선의 원칙에 입각하여 평화와 협력을 추진해야 한다. 셋째로 남북당사자 원칙에 기초한 국제협력이다. 한반도 평화체제 구축 및 남북 경제공동체 형성 등은 한반도 문제의 당사자인 남북이 협의하여 추진해야 한다. 넷째로 국민과 함께 하는 정책이다. 평화번영정책에 대한 국민적 합의를 토대로 법과 제도에 따라 투명하게 추진하고, 정책결정 및 집행과정, 대북접촉 과정의 투명성을 강화하여 정책에 대한 신뢰도를 제고해 나간다.

2. 신기능주의적 접근

이러한 정책이 어떠한 이론을 토대로 하고 있는가? 김대중 정부와 노무현 정부의 대북정책의 이론적 토대는 신기능주의적 통합이론과 맥을 같이 한다고 볼 수 있다. 기능주의 이론은 국가 단위로 분할되어 있는 체제가 공동이익의 증진을 위해 접촉과 교류를 계

으로 정착되어야 합니다. 한반도가 지구상의 마지막 냉전지대로 남는 것은 20세기의 불행한 유산입니다. 그런 한반도가 21세기에는 세계를 향해 평화의 신호를 발신하는 평화의 관문으로 바뀌어야 합니다. 유라시아 대륙과 태평양을 잇는 동북아의 평화로운 관문으로 새롭게 태어나야 합니다".

3) 김창희, "노무현 정부의 대북정책과 남북관계 방향,"『한국동북아논총』 제8권 2호, (한국동북아학회, 2003), p. 60 요약.

속하면 기능적인 상호의존관계가 확대되고 결국 구조적 통합을 실현하게 된다는 가정을 기본명제로 한다.[4] 전통적 기능주의는 경제와 기술 및 기타분야의 거래에서 얻은 혜택을 타 분야에 이식시킴에 있어서 언제나 경제와 기술상의 필요와 또 그 가능성에 따라 방향을 결정하고 있다. 그러나 신기능주의는 "랑그르나지(l'engrenage)," 즉 톱니바퀴처럼 "부분적 통합의 확장이론"을 통해서 연속적인 통합에 이를 수 있는 제도를 의도적으로 구상하고 있는 것이다.[5] 이는 경제적 기능을 중심으로 한 정책결정이 확대되어 정치적 수준으로까지 확대 된다는 것으로, 국가 간의 정치적 접근을 통한 협상의 중요성을 제기하고 있다.

김대중 정부는 기능주의를 바탕으로 한 정책을 추진하였으나, 남북정상회담은 신기능주의 이론에서의 정치적 접근의 시발이었다. 노무현 정부 역시 경제적 교류와 협력을 중시한다는 점에서 기능주의적 요소가 가장 중심이 되지만, 제2차 남북정상회담을 위

4) 기능주의 이론은 1940년대와 1950년대 초에 통합이론의 주류를 이루고 있었던 이론이다. 기능주의이론의 사고와 체계적인 연구의 기본틀을 제시한 것은 미트라니(David Mitrany)의 1943년 저서 "작동하는 평화체제(A Working Peace System)"였다. 미트라니는 국가주권의 도전을 통해 통합에 이르려는 실현가능성에 회의적 이었다. 그는 비 정치적인 기능적인 분야에서 협력을 시작함으로써 서서히 정치적인 통합에 이르는 우회적인 방식을 제안하였다. 구영록, 『인간과 전쟁: 국제정치이론의 체계』, (서울: 법문사, 1979), pp. 324~325. 박재영, 『국제정치패러다임: 현실주의·자유주의·구조주의(전정판)』, (서울: 법문사, 1982), pp. 324~325. Charles W. Kegley, Jr. & Eugene R, Wittkopf, *World Politics: Transformation Ninth ed.*.(Thomson Wadsworth, 2004), pp. 598~599.

5) Joseph S. Nye, *Peace in Parts: Integration and Conflict in Regional Organization*(Boston: Little Brown Company 1971), 재인용, 구영록 위의 책, p. 331.

해 계속 노력해왔고 이를 이루어 냈다는 점에서 신기능주의적 접근을 한 것으로 평가된다.[6] 노무현 정부는 정치, 군사 등 상위영역의 개선이 어렵다는 현실적 한계를 직시하고 신기능주의 통합이론이 제시하듯이 하위 정치영역 교류협력에 주력하여 왔다.[7]

Ⅲ. 평화번영정책의 추진과정과 상황

노무현 정부의 포괄적 대북정책인 평화번영정책이 실현하기 위해서 전제가 되는 것은 북핵문제를 해결하는 것이었다. 여기에서는 정상회담이 이루어지기 이전까지의 북핵문제를 해결하기 위한 국내외적 상황을 중심으로 노무현정부의 평화번영정책 추진과정을 살펴본다.

1. 6자회담의 지연 속에 중대제안으로 돌파구

노무현 정부가 출범하는 시기는 제2차 북핵문제로 남북관계와 북미관계가 꼬여있는 시기였다. 그러므로 당시 노무현 정부의 평화번영정책의 추진전략의 1단계는 북핵문제 해결이었고 이를 위해서 3대원칙을 제시하고 있었다. 즉, 북한 핵 불용, 대화를 통한

6) 노무현 정부의 평화번영정책을 기능주의, 신기능주의, 다원주의, 구성주의와 같은 다양한 통합이론이 혼재되어 있다고 평가하는 학자들도 있다. 허문영 · 오일환 · 정지웅, 『평화번영정책의 추진과 향후과제』 KINU 연구총서 07-10, (통일연구원, 2007), pp. 22~24.

7) 장의관, "제2차 남북정상회담과 한반도 평화정착 방안의 구상: 동북아역내 이해구조를 중심으로," 『통일정책연구』 제16권 2호, (통일연구원, 2007), p. 48.

평화적 해결, 남한이 적극적 역할을 원칙으로 삼고 있다. 또한 대량파괴무기(WMD)의 해결을 위해서는 핵 및 미사일 문제의 진전에 맞춘 대규모 대북 경제협력 조치의 단행하고, 한반도에서의 군사적 긴장을 고조시키는 모든 행위에 대한 반대한다는 것이었다.

한편 제2차 북핵위기 이후 북한은 핵문제 해결을 위해 미국과 불가침 조약을 체결해야 한다는 입장이었으나, 미국의 의지대로 가닥이 잡힌 것이 6자회담이었다. 2003년 8월에 제1차 6자회담이 있었고, 그 후 제2, 3차 회담으로 이어지면서 여러 가지 어려움을 겪었다. 2004년 6월 제3차 이후 6자회담은 열리지 못하고 있었다. 11월 2일 미국대통령 선거에서 부시가 재선에 성공하면서 북한은 미국의 의중을 탐색하고 있었다.8)

북한이 6자회담에 참가케 하는 것이 당시의 노무현 정부로서도 중요한 문제가 아닐 수 없었다. 그러나 남북관계도 경색되어 있었고 무언가 실마리를 찾아야 했다. 5월 16일과 19일 사이에 남북차관급 실무회담이 개성에서 진행되었고, 여기에서 6.15남북공동선언 5주년을 계기로 평양에서 진행되는 '민족통일대축전'에 장관급을 단장으로 하는 대표단을 파견하기로 하였다. 북한에 비료 20만 톤을 제공하는 것에도 합의하였다.

2005년 6월 10일 한·미정상회담에서 노무현 대통령이 부시 대통령에게 북한에 대한 자극의 자제를 요청하였고, 핵문제 해결에 대한 한국정부의 능동적인 역할을 암시하였다. 정동영 통일부

---

8) 2005년 2월 10일 북한은 외무성 성명을 통해 6자회담 참가의 무기한 중단과 핵무기 보유사실을 공식선언하였다. 북한은 제2기 부시행정부가 출범하면서 좀 더 강한 핵카드를 들고 나왔다. 김창희, "북핵문제에 대한 북·미간 갈등과 6자회담,"『한국동북아논총』 제12권 1호, (한국동북아학회, 2007), p. 129.

장관이 평양축전의 단장으로 방북을 하여 6월 17일 김정일 위원장과 면담에서 "6자회담에서 북한이 핵폐기에 합의하면 현재 중단 상태인 경수로 공사를 중단하는 대신 우리가 독자적으로 200만 kw의 전력을 북측에 직접 송전하는 방식으로 제공하겠다"고 하였다. 김정일 위원장은 이 자리에서 한반도 비핵화선언이 김일성 주석의 유훈이라 강조하고, 7월 중 6자회담의 복귀 가능성을 밝혔다.[9)]

7월 26일부터 8월 7일까지 제4차 6자회담이 진행되었고, 북·미간의 실질적인 대화가 이루어졌고 한반도 평화체제와 관련된 논의(정전체제의 평화체제로의 전환)도 개진되었다. 북한의 '평화적 핵 이용' 문제로 결렬의 위기에 맞기도 했으나 6개항의 '9.19공동성명' 채택으로, 북한 핵문제는 평화적으로 해결되는 듯이 보였다. 공동성명에는 ① 한반도의 검증가능한 비핵화를 평화적인 방법으로 달성하는 것을 재확인(북한의 핵무기 및 현존 핵 계획포기, 적절한 시기 경수로 제공 논의), ② 국제연합헌장 및 국제규범 준수 약속(북·미관계 정상화), ③ 에너지, 교역 및 투자 분야에서의 경제협력(대북 에너지 지원), ④ 동북아의 항구적인 평화와 안정 위해 공동 노력(한반도 영구적 평화포럼 개최 등), ⑤ 6자는 '공약 대 공약' '행동대 행동' 원칙에 입각한 단계적 합의사항 이행 합의의 내용이 포함되었다.

상술한 바와 같이 제2차 북핵위기는 6자회담으로 해결을 방안

9) 방북 후 정동영 장관은 미국을 방문하여 김정일 위원장의 의사를 미행정부에 전달하고, 한국정부의 '전력공급제안'에 대해 미국의 동의를 이끌어 냄으로써 제4차 6자회담에서 적극적 역할을 수행할 수 있었다. 정성장, "북한 핵실험 이후 북핵 문제의 관리 및 해결 방향," 『세종연구』 제3권 1호, (세종연구소, 2007), p. 82.

을 모색했지만, 제1, 2, 3차 6자회담에서 합의점을 찾지 못하였다. 제4차 6자회담의 재개되고 진행되는 과정에서 노무현 정부는 주요 사안에 대해 구체적이고 합리적인 구상을 제시하고 능동적인 역할을 함으로써 '9.19공동성명'을 이끌어 내는데 큰 영향을 미쳤다.

2. 상황변화와 대북포용정책 지속

9.19공동성명으로 한반도 비핵화를 위한 전기가 마련되었다. 그러나 이러한 합의는 미국의 대북 금융제재 문제라는 암초를 만났다. 공동선언 도출 직후 미국은 북한의 달러화 위조혐의를 근거로 북한이 위폐를 거래한 것으로 추정되는 마카오의 방코델타아시아은행(BDA) 등 국제금융기관들에 대한 제재에 나섰다. BDA의 계좌에 있던 2,400만 달러의 북한 자금이 동결되었고, 세계 20여개 금융기관의 대북거래가 중단되었다. 북한은 이를 체제에 대한 새로운 위협으로 간주하고 6자회담 복귀를 거부하였다.

이러한 상황에서 북한이 택한 것은 미국의 독립기념일에 시도한 동해상의 미사일 발사였다. 이것이 실패로 끝나자, 10월 9일 핵실험을 강행하였다. 북한은 대미관계 개선이 지연되면서 경제난이 심화되고 정권도 위협받는 상황에 이른 것이다. 그러므로 핵실험을 통해 핵무기 보유국가 지위를 확보해 체제유지 기반을 공고히 하고 대미협상에서도 유리한 위치를 점하려 한 것이었다.[10] 핵실험 이후 미국이 주도하는 UN안보리는 국제사회의 대북제재를 결의(1718호)를 통해 보여주었다. 만장일치로 합의된 이 결의서는 군사적 실행을 제외한 경제봉쇄정책으로 북한을 압박하는 것이었다.[11] 북한의 핵실험에도 불구하고 노무현 정부의 대북평화정책

10) 김창희, 앞의 글, 2007, p. 133.

기조는 지속되었다. 북한이 핵 실험을 단행하자 정부도 당황하였고, 일단은 미국 경제봉쇄정책 동참의지는 밝혔으나 금강산 관광사업과 개성공단 사업은 지속하였다. 북핵 실험 이후 이 같은 노무현 정부의 판단과 대처는 6자회담의 재개에 긍정적으로 작용하였다.

미국의 압박 그리고 북한의 핵실험으로 인한 사태의 악화는 상호 부담을 느껴 6자회담 재개 쪽으로 가닥을 잡았다. 미국도 중간선거를 앞둔 시점에서 민주당의 '대북 핵정책 실패'라는 공격이 부담으로 작용했고, 북한도 국내외적인 어려운 상황에서 한 걸음 물러서지 않을 수 없었다. 11월 17일 베트남의 하노이에서 열린 아시아태평양경제협력회의(APEC)에 앞서 한·미 정상회담이 열렸다. 여기에서 부시 대통령은 '북한이 핵포기를 하면 전쟁 종료를 선언하고, 노무현·부시·김정일 함께 직접서명 가능'하다고 밝혔는데, 이는 김정일 위원장을 사실상의 협상파트너로 인정했다는 것을 의미한다.

결국 중국의 중재로 미국의 크리스토퍼 힐 국무부 차관보와 과 북한의 김계관 외무성 부상이 11월 28일과 29일 베이징에서 만나 6자회담 복귀에 합의했다. 우여곡절 끝에 2007년에 2월 제5차 3단계 6자회담에서 합의를 도출하였다. 여기에서 나온 "9.19 공동성명 이행을 위한 초기조치"라는 2.13합의는 말 그대로 '행동 대 행동'의 원칙에 따라 단계적으로 9.19 공동성명 이행 조치에

11) 대북제재결의안은 금수품목을 열거한 다음 모든 유엔 회원국들에게 핵무기운송으로 의심되는 북한 선박에 대해 국내·국제법에 맞춰 해상 검색할 것을 요구하였다. 이를 위한 수단으로서 PSI(대량살상무기확산방지구상)의 관계규정과 합의사항을 준수하는 것이 필수다. 한국정부는 남북군사적 충돌을 우려해 PSI에 참가하지 않았다.

대한 합의였다. 좀 더 구체적으로 보면 초기 단계로 60일 이내에 핵시설을 패쇄·봉인하고 국제원자력기구(IAEA)요원 복귀 시 중유 5만톤 지원하고, 핵시설 불능화 때는 중유 95만톤 상당을 지원하기로 하였다. 또한 한반도 비핵화, 미·북 관계정상화, 일·북 관계 정상화, 경제 및 에너지 협력, 동북아 평화·안보체제의 5개 실무그룹 설치하기로 하였다. 또한 초기조치가 이행 되는대로 동북아 안보협력증진 방안을 모색하기 위한 장관급회담을 개최하고, 동북아에서의 지속적인 평화와 안정을 위한 공동 노력과 한반도의 항구적 평화체제에 관한 협상을 위한 별도 포럼을 갖기로 하였다.

그러나 60일 지나서도 발목을 잡은 것은 BDA문제였고, 4개월이 지난 6월 25일 북한의 외무성 대변인이 동결자금문제가 해결되었다고 밝혔다. BDA문제가 해결되자 북핵 초기 이행이 빠르게 진행되었다. 북한은 7월 14일 5MW 원자로 등 영변 5개 핵시설에 대한 가동을 중단하고 국제원자력기구(IAEA) 요원들은 이에 봉인조치를 취하였다. 휴회하고 있던 제6차 1단계 6자회담 수석대표회담이 베이징에서 7월 18일에서 20일까지 개최되었다. 그 후 9월 1일과 2일 제네바에서 북미관계정상화 실무그룹 회의가 있었고, 이 결과를 북한은 3일 북한의 외무성 대변인이 발표하였다. 북미제네바회담에서 '연내핵시설 불능화' 합의와 '테러지원국명단 삭제와 적성국 교역법 재제 해제'를 취하기로 했다는 것이었다.

물론 북미 제네바회담은 제2차 남북정상회담의 발표가 있은 후에 진행된 것이었다. 9월 7일 호주시드니에서 APEC을 계기로 노무현 대통령과 부시 대통령이 한미정상 회담을 가졌다. 부시 대통령은 남북정상회담에 대한 지지의사를 표명하고 한국정부의 노력이 6자회담의 진전에 도움을 줄 것이라고 평가하였다. 그는 북한이 핵을 폐기한다면 한국전쟁을 종결시키기 위한 평화협정 체결

의 용의가 있음을 밝혔다. 제6차 2단계 6자회담이 9월 27일부터 30일까지 남북정상회담 직전에 베이징에서 열렸고, 그 합의문은 정상회담 중인 10월 3일 발표되었다.

'9.19공동성명 이행을 위한 제2단계조치(10.3합의)'의 핵심 내용은 한반도 비핵화 문제, 관련국간 관계정상화 문제, 북한에 경제·에너지지원 문제, 6자회담 관련국 외교장관 회담 등 4가지를 담고 있다. 이들은 이미 2.13합의서 제기된 문제에 대한 반복에 불과했으나, 한반도 비핵화문제는 구체적으로 관련사항과 일정 등을 제기하고 있다. 이를 요약하면 첫째로 한반도 비핵화로 현존하는 모든 핵시설(5MWe 실험용 원자로, 재 처리시설, 핵 연료봉 제조시설) 불능화 완료, 모든 핵 프로그램에 대한 완전하고 정확한 신고(2007년 12월 31일까지 신고), 북한의 핵 물질·기술 또는 노하우 이전하지 않는다는 재 공약이다. 둘째로 관련국간의 관계정상화로 북미관계를 개선하고 전면적 외교관계로 나아가는 공약유지하고, 북한 테러지원국 지정으로부터 해제하기 위한 과정 개시와 대적성국 교역법 적용을 종료시키기 위한 과정진전과 함께 북일관계 개선노력 등이 포함되어 있다. 그 밖에 2.13합의 따른 경제 및 에너지 지원과 6자외무장관 회담 등이 포함되어 있다.

3. 제2차 남북정상회담의 개최 의지와 과정

상술한 바와 같이 제2차 남북정상회담에 대한 합의는 제6차 2단계 6자회담이 개최되기 이전에 이루어졌다. 김만복 국정원장과 김양건 통전부장12)이 서명한 "노무현 대통령의 평양방문에 관한

12) 2007년 8월 5일 작성된 '노무현 대통령의 평양방문에 관한 남북합의서'는 평화번영정책의 추진원칙에서 강조한 바와 같이 공식성과 투

남북합의서"의 정상회담 일자는 8월 28일~30일까지 였으나, 북한 지역의 수해 특히 평양에 집중폭우로 인하여 10월 2일~4일까지로 연기되었다. 정상회담의 연기는 남북한 정부는 정상회담에 대비할 시간적 여유도 가질 수 있었고, 이 기간 동안 제6차 2단계 6자회담도 열려 북핵문제에 대한 합의가 이루어졌기 때문에 결과적으로 긍정적으로 작용하였다.

2005년 신년 내외신 기자회견에서 노무현 대통령은 "때와 장소를 가리지 않고, 상대가 응한다면 주제에 관계없이 정상회담에 응할 용의가 있다"고 밝힌바 있다. 또한 우리 정부가 정상회담과 관련하여 직접 처음 의사를 전달한 것은 2005년 6월 17일 정동영 전 통일부장관이 김정일 위원장을 만났을 때였으나, 북·미관계가 회복되지 않고 핵 문제 등으로 여건이 형성되지 못하였다.

노무현 정부에서 남북관계에 중요한 전기를 마련한 것이 '남북관계 발전에 관한 법률'의 제정이라 볼 수 있다. 이는 남북관계를 포괄적으로 규율한 최초의 법률이자, 남북간 평화공존을 상징하는 법률이다.13) 이 법률로 남북회담 대표의 임명, 남북합의서의 체결·공포, 공무원의 북한지역 파견 등에 대한 법적 근거 마련하였다.

2.13합의 이후 노대통령은 2007년 5월 31일 AP통신사와의 인터뷰에서 정상회담은 "내 임기와 관계없이 6자회담의 결과를 더 공고히 하고 전진시키는데 필요한 것이기 때문에 거기에 적절한

명성의 원칙에서 이루어졌다. 제2차 남북정상회담은 2000년과 달리 공식적인 남북라인인 국가정보원과 로동당 통일전선부을 통하여 이루어 졌다.

13) 2004년 임채정의원 중심으로 여야 125명 명의로 〈남북관계발전기본법안〉 이 국회에 제출되어 공청회를 거쳐 법사위에서 의결되고, 2005년 12월 8일 국회본회의를 통과하였다. 이 법률은 2006년 6월 30일부터 시행되었다.

시점이 있을 것이라고 생각한다. 그 시점은 우리가 임으로 앞당기기도 어려운 일이지만 6자회담의 진전을 위해서 그 뒤로 늦춰서도 안 되는 일이다"라고 하였다. 노대통령의 입장에서도 정상회담은 임기 내의 큰 과제였고, 이를 통하여 그동안 추진해온 '평화번영정책'의 틀을 다져 놓고자 했다.

북한이 정상회담에 합의한 한 것은 지금이야 말로 가장 적절한 시기라고 생각했기 때문이다. 북한은 일정한 관계에 들어선 미국과의 관계와 함께 남한과의 관계도 발전시켜야 할 필요가 있다고 판단한 것이다. 특히 2.13합의 2단계 조치인 핵 불능화 단계를 풀어가는 전환점에서 남북정상회담이 필요했다. 북한의 경제는 아주 어려움에 처해있어, 이를 회복하기 위한 외부의 자원 유입이 절실한 상황이었다. 김 위원장은 정상회담을 계기로 남측과의 관계개선과 경제협력을 확실히 하고 경제적 지원 등을 받을 수 있다는 생각을 했을 것이고, 또한 미국과의 관계 정상화를 앞당기기 위해서도 남한의 역할이 필요하다는 전략적 판단을 내렸을 것이다. 김 위원장은 노대통령 임기 내에 확실한 평화협력의 기회를 잡고자 했다. 김 위원장이 "참여정부 출범 직후부터 노대통령을 만날 것을 결심했으나 그동안 분위기가 성숙되지 못했으며, 최근 남북관계 및 주변관계가 호전되고 있어 현 시기가 수뇌상봉의 가장 적합한 시기"라고 밝혔다는 것에서도 이를 추론해 볼 수 있다.

Ⅳ. 제2차 남북정상회담의 의미와 평가

2007년 10월 2일부터 4일까지 평양에서 남북정상회담이 개최

되었다.[14] 2000년 정상회담이후 7년 만에 개최된 정상회담은 '남북관계 발전과 평화번영을 위한 선언'(2007 남북정상선언)을 도출하였다. "6.15공동선언의 정신을 재확인하고 남북관계 발전과 한반도 평화, 민족공동번영과 통일을 실현하는데 따른 제반문제"들을 협의한 선언은 8개항과 두 개의 부가사항으로 되어있다. 선언의 명칭에서 평화번영은 일반적으로 보면 남북한 모두에게 필요한 것이고 그렇기 때문에 합의 했을 것이다. 그러나 노무현 정부 입장에서 추론해 보면 정책으로 추진해 온 평화번영정책과 명칭에서 궤를 같이하기 때문에 성과라 할 수 있다.

1. '2007 남북정상선언'이 가지는 의미

(1) 6.15남북공동선언의 고수와 통일문제

남북정상선언의 제1항과 2항은 2000년 6.15남북공동선언을 적극 구현하고 사상과, 제도 차이를 초월하여 남북간 존중과 신뢰의 관계를 확고히 하자는 것이다.

'6.15 남북공동선언'을 고수하고 적극 구현해 나가는 것의 중요성을 첫 번째 항에서 강조하고 있다. 이번 선언에는 2000년 선언과 달리 통일문제에 대한 구체적인 언급은 없으나, "남북은 우리민족끼리의 정신에 따라 통일문제를 자주적으로 민족의 존엄과 이익을 중시"라 하고 있다. 이는 통일문제에 대하여는 6・15남북공동

14) 노무현 대통령이 육로를 통해 방북하여 김영남 최고인민회의 상임위원장과 면담하고 김정일 국방위원장과 두 차례에 걸쳐 정상회담을 하였다. 1차회담 전에 공개된 "김대중 대통령은 하늘로 오셨는데, 대통령께서는 군사분계선을 넘어 육로로 오셔서 큰 의미가 있는 것 같다"는 김 위원장의 발언은 여러 가지 의미를 함축하였다.

선언을 통해 잘 정리되어 있다고 보고 있는 것 같다. 노무현 대통령은 김정일 국방위원장에게 "우리 국민들은 동서독과 같은 급작스러운 통일을 바라지 않으며 상호 공존공영하면서 점진적으로 통일에 접근해야 한다는 인식을 가지고 있다"고 말했다고 정상회담 후 밝혔다.[15] 그런데 7년 전에 제기된 이 문제에 대하여는 좀 더 진전된 자세와 논의가 필요했다고 생각한다.

제2항에서 남북은 사상과 제도의 차이를 초월하여 상호 존중과 신뢰, 내정불간섭, 통일 지향을 위한 법률적 제도적 장치 정비, 의회 등의 대화 접촉을 포함하고 있다. 이는 남북간에 교류와 협력을 해 나가는데, 제약이 있다는 사실을 인정하고 이를 해결하기 위해 노력해야 한다는 의미가 담겨있다. 대표적인 것이 국가보안법과 로동당 규약이 될 수 있다. 정상회담 중에 노무현 대통령의 아리랑 관람은 상호체제인정이라는 관점으로 볼 수 있다.

(2) 한반도 평화증진 문제

정상회담의 가장 중요한 의제는 한반도 평화체제구축을 위한 기본 틀을 짜고 평화번영의 시대를 열어가는 것이었다. 이를 위하여 양 정상은 3, 4항에서 한반도에서 군사적 적대관계를 종식시키고 항구적인 평화체제 구축하기위해 종전선언을 추진하는데 협력하자고 하였다.

남북은 한반도에서 어떠한 전쟁도 반대하며 불가침의무를 확고하게 준수한다는 것이다. 특히 서해상의 우발적 충돌방지를 위해 '공동어로수역'을 지정하고, 평화수역으로 만들기 위해 남북국방장관 회담을 추진키로 하였다.

---

15) 노무현 대통령은 10월 4일 남북정상선언을 한 후 서울로 돌아오는 길에 도라산 남북출입사무소에서 〈대국민보고〉를 하였다.

남북관계에서 가장 중요한 것은 한반도 평화체제를 구축하는 것이다. 이를 위해 "남과 북은 현 정전체제를 종식시키고 항구적인 평화체제를 구축하기 위한 종전선언 추진"은 핵심적인 것이다. 그동안 북한은 정전협정을 평화협정으로 바꾸어야 한다고 지속적으로 주장하면서 그 상대는 미국이 되어야 한다고 하였다. 우리의 입장은 평화협정도 남북 당사자에 의하여 이루어져한다는 것이었는데, '2007 남북정상선언'에서 남북이 주체가 되고 여기에 미국이나 중국이 참여하여 종전선언 문제를 풀어나가기로 한 것은 중요한 의미를 가지는 일이다.

정상선언문에 "남북은 한반도 핵문제 해결을 위해 6자회담 9.19공동선언과 2.13합의가 순조롭게 진행되도록 공동으로 노력하기로 하였다"고 하여, 핵문제에 대한 것은 한 문장으로 표현하고 있다. 그렇기 때문에 '핵폐기 문제'가 빠져 아쉽다거나 아예 선언 자체를 평가를 절하하는 사람도 있었다. 북핵 문제는 남북문제이면서 북미간의 문제이다. 마침 정상회담이 진행되는 중인 10월 3일에 제6차 2단계 6자회담 합의문이 발표되었다.[16)]

다만 제3항의 핵심이 "군사적 긴장완화에 관한 것임에도 불구하고 군사분야에 관련해서 직접적인 언급은 없고 기존의 합의한 수준의 선언적, 포괄적 내용을 담고 있다"[17)]는 주장도 간과할 수 없는 대목이다.

(3) 공동번영을 위한 경제협력확대

---

16) 김정일 위원장은 정상회담 도중 6자회담 북한 측 수석대표인 김계관 외무성부상을 이를 설명하도록 회담장으로 불렀다 한다. 헉문제에 해결에 대한 북한의 의지를 엿볼 수 있는 장면이었다.

17) 김경수. "'2007 남북정상선언': 정치 · 군사분야 평가와 향후과제," 『통일정책연구』 제16권 2호. (통일연구원, 2007), p. 6.

한반도 평화정착을 위해서 남북한간에 경제공동체 기반을 조성해가는 것이 필요하다. 북한이 필요한 것은 구호품 수준의 지원이 아니다. 언제까지 쌀이나 비료를 지원 받아 체제를 유지할 수 없다는 것을 잘 알고 있다. 북한은 근본적으로 경제회생이 가능한 투자인 '경제개발지원'이 필요하다. 그래서 선언에는 민족경제의 균형적 발전과 공동번영을 위한 경제협력사업의 확대 발전을 제시하고 있다.

한반도 평화정착과 공동번영을 위해서 남북한간에 경제공동체 기반을 조성해가는 것이 필요하다. 이를 위해 남과 북은 기반시설 확충과 자원개발을 적극 추진하고 이 사업을 위 각종 특혜를 우선적으로 부여키로 하였다. 남북한 신뢰관계를 촉진하고 정착하는 핵심동력으로서 남북경협을 강화시키는 방안을 정상회담에서 합의가 되었다. '해주지역과 주변해역을 포괄하는 서해평화협력특별지대 설치' '평화수역설정' '경제특구건설과 해주항 활용' '개성공단의 통행·통행·통관 등 제도적 장치 조속완비' '안변과 남포에 조선협력단지 개설' 등이 그것이다. 이는 그동안 남북경협을 미래 지향단계로 발전시켜 공동번영의 틀을 마련해 보자는 것이다.

노무현 대통령은 서해평화지대를 '2007 남북정상선언'의 핵심으로 보고 있다. 노무현 대통령은 '평화를 구축하고 경제협력을 해나가는 포괄적인 해결 방안'으로서 '서해평화협력특별지대' 방안을 제의했고, 김정일 위원장이 국방위원회 참모들과 상의해서 수용했기 때문이다. 그래서 노무현 대통령은 "이번 남북공동선언에 있어서 가장 핵심적인, 가장 진전된 합의"가 바로 이 부분이라 했다.

(4) 사회문화 교류와 인도주의적 협력사업

2000년 남북정상회담 이후 남북간에는 활발한 사회문화 교류가

이루어졌고, 이산가족 상봉과 인도주의적 지원이 이루어졌다. 2007 남북정상선언에서도 역시 이에 대하여 다시 한번 확인을 하고 있다.

특히 그동안 미루어져 왔던 백두산 관광을 "남과 북은 백두산 관광을 실시하며 이를 위해 백두산-서울 직항로를 개설"한다는 것이다. 현재 매년 10만명의 우리 국민들이 중국을 통하여 백두산에 가고 있다. 2008 베이징 올림픽에 남북응원단이 경의선을 이용해 참가하기로 하였다. 현재 진행 중인 금강산면회소가 완공되면 쌍방 대표를 상주시켜 이산가족 상봉을 상시화하기로 하였다. 그러나 국군포로 문제나 납북자문제 등은 양측의 입장차이로 해결하지 못했다는 아쉬움도 있다.

해외에서도 민족과 동포의 권리와 이익을 위해 협력을 강화한다. 국제대회 공동입장 또는 각종 국제대회나 행사의 유치, 향후 북한의 국제금융이나 국제기구가입 등에 협력의 의미를 담고 있다.

이 외에도 '2007 남북정상선언'에는 "남과 북은 남북관계 발전을 위해 정상들이 수시로 만나 현안문제들을 협의하기로 하였다"하고 있다. 노무현 대통령은 김정일 위원장에게 서울 답방을 요청했지만은 우선 김영남 최고인민회의 상임위원장의 서울 방문을 제안하고, 본인의 방문은 여건이 좀 더 성숙될 때 까지 미루는 것이 좋겠다고 말했다 한다. 김정일 위원장의 여건 성숙이라는 말은 아직도 서울을 방문하는 것에 많은 부담을 안고 있다는 것을 말해준다. 그 밖에 후속조치를 위한 각종 회담에 합의하였다.[18]

18) 상술한 평화수역 문제와 군사적 문제 보장조치 등 군사적 신뢰구축조치를 협의하기 위해 남한의 국방부장관과 북한의 인민무력부장의 회담이 11월 평양에서 개최하고, 남북정상선언의 이행을 위하여 제1차 남북총리회담을 서울에서 갖기로 하였다.

2. 평화번영정책과 남북정상선언의 정치적 이슈

2007 남북정상선언의 의미는 남북한 협력구도의 불안전성 때문에 기존에는 논의의 제기조차 부담스러웠던 군사 분야 등 상위 정치영역의 이슈들을 남북한간 공식적 논제로 정착시키는데 기여하고 있다.[19] 구체적으로 정치영역은 3~4자 정상들이 참여하는 종전선언 모색, 북핵 문제 해결 위한 공동노력 추진, 서해상 NLL 논란해소를 위한 서해 평화협력지대 조성을 들 수 있다.

(1) 종전선언 모색

종전선언에 대한 모색은 노무현 정부가 5년 동안 추구해왔던 평화협정을 이루어 내지는 못했지만, 정상회담을 통하여 종전선언 문제를 남북한 최고지도자가 합의를 했다는 점은 대단한 의미를 가진다. 한반도 평화체제구축을 위해 적대관계를 종식하고 불가침 의무를 확고히 준수하고, 종전선언을 추진에 협력 하자는 것에 합의했다. 종전선언과 평화협정은 별개의 것인가? 종전선언은 한국전쟁에 대한 공식적인 종료선언으로 북미적대관계 해소와 정전협정이 평화협정으로 전환됨을 의미한다. 물론 종전선언은 북핵문제 해결을 선결조건으로 하기 때문에 남북정상이 합의했다고 해서 당장 실현 될 수 있는 문제는 아니다. 그러나 북한이 지속적으로 주장해온 '평화협정의 당사자는 미국이다'라는 것을 바꾸어 놓았다는 것만으로도 평가할 만 것이다.[20] 3자 4자 정상협력문제는 중국을

19) 장의관, 앞의 글, p. 50.

20) 이는 정전협정체제의 평화협정체제로의 전환과정에서 가급적 남한을 배제하려 했던 북한 입장의 변화라고 볼 수 있다. 이는 한반도의 평화체제는 직접 당사자인 남과 북이 주도해야 한다는 의미를 담고 있다.

배제할 수 있는 상황이 아니므로 4자로 합의했더라면 문제의 소지를 없앴을 것이다. 또한 '잠정적 사전 평화협정의 형태로 종전선언을 먼저 실행하는 것에 대한 문제가 제기되고 있으나, 정치적으로는 사전 평화협정이 당사자들 간의 관계개선을 촉진시키는 중요한 상징적 조치가 될 수 있다'[21]는 점을 간과해서는 안 된다. 물론 "'휴전'이라는 현상유지가 장기화되면 이는 결과적으로 '전쟁의 종결'이라는 법적 실체를 갖게 되고, 오늘날 대부분의 한국전 교전국 상호간에는 국교가 정상화된 마당에 전시상태를 운운하는 것은 이치에 닿지 않은 이야기"[22]라는 주장도 있다.

(2) 북핵 문제 해결의 공동 노력

북한의 핵문제는 어제 오늘의 일이 아니다. 제2차 남북정상회담이 이루어진 시점은 정확히 5년 전 미국의 켈리특사가 평양에서 고농축우라늄 프로그램을 제기한 시기와 우연하게 일치한다. 앞으로 남북관계의 모든 문제도 여기에 달려 있다 해도 과언이 아니다. 노무현 대통령의 정상회담 후 〈대국민보고〉를 통해, "김정일 위원장께서 아무 이의 없이 북핵 문제에 대한 9·19공동성명과 2·13 합의를 성실히 이행해야 한다는 점, 그리고 '비핵화 공동선언'을 중요한 선언으로서 우리가 지켜야 될 원칙으로서 재확인한다 하는 이런 점을 확인해 주어서 좋고, 이것은 북한의 최고지도자가 북핵 폐기에 관한 분명한 의지를 밝힌 것이니 만큼 이행에 문제가 없을 것"이라고 하였다. 이러한 발언은 희망사항이고 또 다른 면에서는 북한의 이행을 촉구하는 것이 될 수 있지만, 그리 쉽게 해결될 수 있는 남북한 간의 문제만은 아니다.

21) 장의관, 앞의 글, p. 64.
22) 김경수, 앞의 글 pp. 16~17.

김정일 위원장은 노무현 대통령과 정상회담 도중 김계관 6자회담 수석대표를 불러 10·3합의에 대해 자세하게 설명하게 했지만, 불능화를 제외한 나머지 문제는 이행 약속기간을 북·미간 간격이 좁혀지지 않고 있다. 우라늄농축프로그램과 북-시리아간 핵 협력설, 플루토늄 신고문제가 그것이다. 이에 연계시켜 북한이 미국에 요구하는 것은 테러지원국 해제, 적성국 교역법 배제, 상응 중유지원에 관한 것이다. 이 문제는 일반적으로 생각하는 것보다 쉽지 않다. 2008년 2월에도 힐 차관보와 김계관 부상이 베이징에서 만나 이 문제를 협의했다. 보도에 따르면 힐은 김계관에게 "정확하고 완전한 신고의 중요성"과 더불어 "미국이 할 의무조치에 대해서도 잘 알고 있다"고 하고, 김계관은 "우라늄은 수입했지만 농축우라늄 제조용으로 사용하지 않았고, 현재와 미래에도 북측은 어떤 나라와도 핵 협력을 하지 않는다"고 강조했다 한다.[23] 양측다 종전의 주장을 되풀이하고 있는 것이다. 이 문제는 전략적 결단이 필요하다. 그러나 전략적 결단은 북한만 필요한 것이 아니라 미국과 6자회담 참가국도 필요하다는 것이다. 실제로 힐과 김계관은 신고방법에 있어 유연성에 합의하여 농축우라늄과 핵 협력설에 관해서는 비밀의사록에 담아 공개하지 않기로 했다.

(3) 서해안 평화협력지대

평화번영을 위한 공동체 형성의 기초 작업으로 '서해안 평화협력 특별지대'를 만들어 나가는데 합의한 것은 대단히 의미있는 일이다. 이는 경제와 안보문제를 상호배타적으로 보다는 상호 밀접하게 연관된 문제로 보고 접근한 것이다. 서해상에서의 우발적 군사충돌방지를 공동어로수역 지정과 연계한 점이나 협력사업을 군

23) 『한겨레』 2008. 2. 20; 『노컷뉴스』 2008. 2.20.

사적 보장조치와 연계함으로써 군사적 신뢰구축과 경제협력을 상호보완재로 활용하겠다는 데에 합의한 것이다. 결국 이는 긴장과 대결 상황을 번영과 평화의 바꿔낼 수 있는 큰 틀이라 할 수 있다. 남북정상은 안보불안을 해소함으로써 한반도에 지속가능한 실질적 평화를 확보했다고 할 수 있다.24) 남북공영의 실질적인 협력의 길을 연 것이라 할 수 있다. 이것이 구체적으로 시행되면 경제가 평화를 구축하고 또 평화가 경제를 뒷받침하는 선순환관계를 만들어 갈 수 있다.25)

정상회담이후 주목할 부분이 국방장관회담이었다. 2000년 9월 제주도에서 분단이후 처음으로 남북국방장관회담이 개최되었고, 2007년 11월 27일부터 열린 회담이 두 번째였다. 이 회담은 정상회담과 총리회담26)에서 합의한 남북협력의 로드맵에 군사보장이라는 이행의 날개를 다는 과정이었다. 핵심의제는 '공동어로구역의 설치와 평화수역'에 대한 것이었으나, 북방한계선(NLL)을 기점으로 어디에 설정할 것이냐를 놓고 줄다리기를 하였다.27) 결국

24) 김강녕, "제2차 남북정상회담과 남북한관계," 『통일전략』 제7권 3호, (한국통일전략학회, 2007). p. 67.

25) 통일부, 『남북정상회담』, (통일부, 2007), pp. 22~25.

26) '2007 남북정상선언'의 합의 이행 로드맵을 구체화하기 위해 제1차 남북총리회담이 2007년 11월 14일부터 16일까지 서울에서 개최되었다. 총리회담에서 남북한은 장관급을 위원장으로 하는 서해협력특별지대추진위원회 조직과 차관급이었던 남북경제협력추진위원회를 부총리급인 남북경제협력공동위원회 격상하기로 하고 구체적인 합의도 도출하였다.

27) 1953년 정전협정 당시 육상경계선은 설정된 반면 해양경계선은 설정되지 않았고, 당시 주한 UN군 사령관 이던 클라크(Mark Wayne Clark)가 해양경계선을 설정한 것이 현재 NLL이다. 국제법 학자들의 공통적인 견해는 NLL이 영해를 규정하는 경계선은 아니나 20여년간 남북이 관행적으로 준수해 왔고 남북간 해상 분사분계선 역할

이견을 좁히지 못하고 후속회담으로 넘겼으나, 남북군사공동위원회 구성 등 7개항에는 합의하였다.[28] 12월 12일부터 열린 장성급 군사회담에서도 공동어로구역 및 평화수역 설정을 결정하지 못하였다. 역시 문제는 NLL이었고 남한은 NLL을 기준으로 남북이 같은 면적으로 공동어로구역을 설정하자하고, 북한은 이 선 자체를 인정하지 않고 남쪽에 어로구역을 지정하자는 것이다. 북한은 1999년 이후 주장한 새로운 해상경계선은 덕적도 앞까지 그어져 있어 NLL을 한번 양보하면 북한이 주장하는 구역까지 양보해야 될 가능성이 높다.[29]

제2차 남북정상회담에서 가장 진전되고 핵심적인 것이라 밝히고 있는 서해안 평화협력지대의 설정은 추진위원회에 조직에는 합의하였으나 구체적인 논의에 들어가자 NLL에 묶여 한 발짝도 진전시키지 못하였다. 실질적은 합의가 이루어지기 위해서는 남과 북 어느 한쪽의 양보가 필요한데 이는 앞으로도 어려울 전망이다.

을 해왔다. 1992의 남북기본합의서의 '남북의 경계선과 불가침의 구역'은 '지금까지 쌍방이 관할해 온 구역'이라 했기 때문에 북한의 NLL의 침범은 명백한 불법이라고 주장하였다. 김일수, "2007 남북정상회담의 평화·안보분야 성과 평가," 『한반도 평화와 안보의 모색: 쟁점과 시각』. (한국정치학회 국방학술회의, 2007), p. 12.

28) 조선신보는 11월 30일자 보도를 통해 제2차 남북국방장관급 회담에 대해 남측이 냉전시대의 낡은 관점인 NLL에 대한 기존 입장을 버리지 못해 대립점을 노정하였다고 평가하면서도, 10.4선언의 이행을 군사적으로 담보하기 위한 첫 합의가 이루어졌다는 의미를 부여하였다. 통일부, 『월간북한동향』 제856~868호(통일부, 2007), p, 63.

29) 전동진, "제2차 남북정상회담의 평가와 전망," 『통일전략』, 제7권 3호 (한국통일전략학회, 2007), p. 121.

Ⅴ. 결 론

노무현 정부는 일관된 평화번영정책을 추진한 결과 남북정상회담이 이루어졌고, 여기에서 합의한 '2007 남북정상선언'은 한반도 평화를 위한 초석이라 생각하고 있다. 실제로 제2차 북핵위기 상황에서 출범한 노무현 정부는 북미간의 갈등 속에서 당사자이면서 중재자가 되어야 하는 이중역할을 할 수 밖에 없었다. 한미동맹과 민족공조라는 상반된 명제는 이러한 상황을 설명해 주는 것이었다.

상술한 바와 같이 노무현 정부가 북핵문제 해결을 위해 어떠한 역할을 해왔고, 이것을 어떻게 정상회담까지 연결시켰는지를 분석해 보았다. 이를 바탕으로 노무현 정부 5년간의 대북정책을 종합평가해 보면 한반도 평화에 큰 기여를 했다고 본다. 그러나 정책추진과정에서도 문제점은 있었고, 정상회담 결과에 대하여 모두가 동의하는 것은 아니다. 이러한 것을 중심으로 긍정적인 측면과 문제점으로 제기될 수 있는 측면을 요약해서 정리해 본다.

노무현 정부 정책의 주안점은 한반도 평화였고 이러한 차원에서 긍정적인 면은 첫째로, 평화번영정책은 "남북이 서로 체제를 인정하고 평화공존하면서 화해 협력을 통해 점진적·단계적으로 '사실상의 통일(de facto unification)' 상태의 실현을 지향하고 있다"[30]에서 알 수 있는 바와 같이 평화체제를 근간으로 하고 있다. 그렇기 때문에 실제로 많은 어려움에도 불구하고 정책의 지속성을 유지하여왔다. 즉, 제2차 북핵위기 상황에도 불구하고 평화번영정책을 진행하여 남북대화의 정례화 및 각종 남북교류협력을 심화 발전시켰다.

30) 통일부 『통일백서』, (통일부, 2008), p. 23.

둘째로, 북한 핵문제를 해결하기 위한 6자회담이 2004년 6월 이후 장기간 표류하였고, 북한은 무기한 참가중단을 선언하였다. 사실상 한국정부는 당사자 이면서도 주도적인 역할을 하지 못하였는데, 중대제안(200만kw 전력공급)을 통해 김정일 위원장의 전략적 결단을 이끌어냈다. 결국 제4차 6자회담에서 북핵폐기에 대한 최초의 합의인 '9.19공동성명'을 채택하게 하는데 노무현 정부는 일정의 역할을 하였다. 그 후도 북핵문제에 관한 북미간의 갈등은 한국정부를 어렵게 만들었지만 강약을 조절하면서 슬기롭게 대처하였다.

셋째로, 제2차 남북정상회담은 노무현 정부에서 추진한 대북정책의 결과이다. 여기에서 양 정상은 6.15남북공동선언 이후 7년간의 남북관계 성과를 토대로 그간의 장애요인을 극복하고 남북관계를 몇 단계 업그레이드시키기 위한 포괄적인 비전을 제시하고 있다. '6.15남북공동선언'이 총론적이었다면 '2007 남북정상선언'은 각론적인 합의를 담고 있는데 특히 핵문제·종전체제 종식문제·서해평화협력특별지대 등의 정치적 문제의 제기는 의미를 더하는 것이다.

노무현 정부의 평화번영정책은 남북관계를 넘어 '동북아 전체의 공동번영'까지를 포함하고 있어 목표 자체가 과잉적인 면이 있었고, 남북관계도 5년 내에 확실하게 무언가를 보여 주어야 한다고 생각하고 있었다. 이러한 것은 결과적으로 문제점으로 제기되었다. 첫째로, 한반도 평화체제 정착 문제는 주변 국가들과의 원만한 협력관계 없이는 실제적으로 어렵다. 그렇기 때문에 노무현 정부의 평화번영정책을 추구하는 과정에서 자주적 결정을 해보려는 의지가 제약이 되는 모습을 보여주었다. 동북아 균형자 역할의 제기는 아마도 대표적인 실례일 것이다.

둘째로, 남북한 양 정상은 '2007 남북공동선언'에 많은 것을 담으려하였다. 노무현 대통령은 얼마 남지 않은 임기를 생각하여 확실하게 평화체제 구축을 위한 기반을 마련하려는 생각이었겠지만 현실성이 없는 대목도 있었다. 김정일도 위원장도 같은 맥락에서 생각해 볼 수 있는데, 그는 남쪽에 들어설 다음 정부를 고려해서 좀 더 많은 합의 이루려고 생각했을 것이다.

셋째로, 종전선언, 한반도 비핵화, 서해평화협력지대 형성과 같은 민감한 정치적 문제가 남북정상선언에서 합의되었지만, 이것의 구체적인 실행을 위해 협의에서부터 현실적인 벽에 부딪히고 있다. 특히 NLL문제는 언제까지나 회피할 수 없는 문제는 아니지만 국민 정서상 쉽게 포기하거나 협상의 대상이 어려운 문제이다.

한반도의 평화는 우리에게 가장 중요한 가치라는 것은 누구도 부인할 수 없는 사실이다. 그리고 한반도의 미래도 여기에 달려있다고 해도 과언은 아니다. 당사자인 남북한도 역시 같은 생각이었겠지만 어떻게 방법으로 평화를 유지할 것인가는 또 다른 문제이고 그렇기 때문에 상호정책이 다를 것이다. 중요한 것은 남북한의 문제는 상호간에 역지사지(易地思之)의 정신으로 풀어가고, 주변 국가들과 연관된 문제는 그들의 이해를 구하는데 최선을 다해야 한다. 향후 우리 대북정책의 기조도 평화와 번영이라는 큰 틀에서 방향을 잡아가야 할 것이다.

□ 참 고 문 헌

구영록. 『인간과 전쟁: 국제정치이론의 체계』. 서울: 법문사. 1979.

김창희. 『북한정치사회의 이해(제4판)』. 파주: 법문사, 2006.

박재영 『국제정치패러다임: 현실주의 · 자유주의 · 구조주의(전정판)』. 서울: 법문사, 2002.

통일부. 『통일백서』. 통일부, 2005.

통일부. 『통일백서』. 통일부, 2008.

통일부. 『남북정상회담』. 통일부, 2007.

김강녕. "북미관계의 개선과 전망," 『북핵문제의 진전과 동북아 협력』. 영 · 호남 3개학회 하계 공동학술회의, 2007.

김강녕. "제2차 남북정상회담과 남북한관계," 『통일전략』 제7권 3호. 한국통일전략학회, 2007.

김경수. "'2007 남북정상선언': 정치 · 군사분야 평가와 향후과제," 『통일정책연구』 제16권 2호. 통일연구원, 2007.

김근식. "역대 대북정책평가와 이명박 정부의 대북정책 전망: 포용의 진화 관점에서," 『이명박 정부의 과제와 시대정신』. 2008년 한국정치학회 특별학술회의, 2008.

김연철. "2007년 남북정상회담의 의의와 평가," 『한반도 평화와 안보의 모색: 쟁점과 시각』. 2007년도 한국정치학회 국방학술회의, 2007.

김영윤. "北, 실질적 '시장경제' 도입확대 체제전환적 개혁 앞서야," 『자유공론』 통권 489호. 한국자유총연맹, 2007.

김용현. "'2.13합의'와 한반도 평화체제구축 방향," 『북한연구학회보』 제11권 제1호. 북한연구학회, 2007.

김일수. "2007 남북정상회담의 평화 · 안보분야 성과 평가," 『한반도 평화와 안보의 모색: 쟁점과 시각』. 2007년도 한국정치학회 국방학술회의, 2007.

김창희. "북핵문제에 대한 북 · 미간 갈등과 6자회담," 『한국동북아논총』

제12권 1호. 한국동북아학회, 2007.

김창희. "노무현 정부의 대북정책과 남북관계 방향," 『한국동북아논총』 제8권 2호. 한국동북아학회, 2007.

서재진. "북한의 생존전략과 2·13합의의 의미," 『2·13 합의와 한반도 평화체제구축』 KINU 학술회의총서 07-01. 통일연구원, 2007.

양문수. "2007 남북정상선언 이후 경제협력의 전망과 과제," 『통일정책연구』 제16권 2호. 통일연구원, 2007.

여인곤 외. 『주변 4국의 대북정책 동향과 전망: '2·13합의' 이후부터 정상회담까지를 중심으로』 KINU 정책연구시리즈 07-05. 통일연구원, 2007.

이호령. "북한의 핵불능화 수준과 실현 가능성," 『한반도 평화와 안보의 모색: 쟁점과 시각』. 2007년도 한국정치학회 국방학술회의, 2007.

임을출. "북한식 도이머이 정책의 성공과제와 가능성," 『자유공론』 통권 489호. 한국자유총연맹, 2007.

전동진. "제2차 남북정상회담의 평가와 전망," 『통일전략』 제7권 3호. 한국통일전략학회, 2007.

정성장. "북한 핵실험 이후 북핵 문제의 관리 및 해결 방향," 『세종정책연구』 제3권 1호. 세종연구소, 2007.

장의관. "제2차 남북정상회담과 한반도 평화정착 방안의 구상: 동북아 역내 이해구조를 중심으로," 『통일정책연구』 제16권 2호. 통일연구원, 2007.

정천구. "제2차 남북정상회담과 한반도 평화체제," 『통일전략』 제7권 3호. 한국통일전략학회, 2007.

조성렬. "서해 NLL을 둘러싼 남북한 갈등과 평화적 해법," 『한반도 평화와 안보의 모색: 쟁점과 시각』. 2007년도 한국정치학회 국방학술회의, 2007.

허문영·오일환·정지웅. 『평화번영정책의 추진과 향후과제』 KINU 연구총서 07-10. 통일연구원, 2007.

허문영 외. 『한반도 비핵화와 평화체제 구축전략』 KINU 연구총서

07-08. 통일연구원, 2007.
민주평화통일자문회의. 『통일시대』. 민주평화통일자문회의 사무처, 2007. 10.
민주평화통일자문회의. 『통일시대』. 민주평화통일자문회의 사무처. 2007. 11.
통일부. 『월간 북한동향』 제860~864호. 통일부, 2007.
통일부. 『월간 북한동향』 제865~868호. 통일부, 2007.
통일연구원. 『월간 북한동향』 제1권 1호. 통일연구원, 2007.
『경향신문』
『노컷뉴스』
『중앙일보』
『한겨레』
『한겨레 21』
『로동신문』

Kegley Charles W., Jr & Eugene R, Wittkopf. *World Politics: Transformation Ninth ed.*, Thomson Wadsworth, 2004.

〈Absract〉

The Policy of Peace and Prosperity in Roh Moo Hyun Administration and The Second inter-Korean Summit Talks

Kim, Chang Hee (Chonbuk University)

This study is to analyze and evaluate of the policy of peace and prosperity under Roh Moo Hyun Administration during 5 years, especially relating to the second inter-Korean summit talks in it. Construction of peace regime on the Korean Peninsula has been an important aim of the policy of peace and prosperity. But it was difficult for Roh's administration to progress it's policy because of DPRK-U.S.'s conflicts on North Korean nuclear issue. After lots of difficult processes, "The September 19 Joint Statement" was announced at the forth Six-party talks. The DPRK pledged to dismantle all existing nuclear weapons and programs in return for economic aid, security guarantees and diplomatic recognition. Roh's administration played an important role in the forth round of talks at that time. The US has stimulated North Korea's devastating economic situations, openness and reform, and human right as well as recent financial pressure, including the case of Macau-based Banco Delta Asia in 2005. The DPRK in turn used 'another bargaining card' by test-firing seven ballistic missiles into the East Sea on July 5, 2006 and by nuclear testing on October 9, 2006. But all of sudden, the U.S. had hurriedly pursued dialogues with North Korea and reached the "The February 13

agreement″. The agreement means that the initial peaceful efforts to abolish North Korea′s nuclear weapons program have been guaranteed. As disablements of all existing nuclear facilities progress, inter-Korean relations also became very well. The Second inter-Korean Summit Talks, between The President Roh Moo Hyun and the Chairman of the Defence Committee Kim Jung Il was held in Pyongyang. ″The 2007 inter-Korean summit declaration″ contains three important political touchstones for advancing inter-Korean relations. First, South and North Korea agreed to push for a declaration of the ending the Korean War in cooperation with neighboring nations. Second, two Koreas agreed to make joint efforts for the smooth implementation of ″The September 19 Joint Statement″ and ″The February 13 Agreement″ in the Six-party talks to achieve denuclearization of the Korean Peninsula. And third, the two leaders agreed to establish a ″Special Area for Peace and Cooperation in the West Sea″. Although many difficulties from now on, I think that it need to implement these three sensitive issues of high politics for permanent peace on the Korean peninsula.

Key words : policy of peace and prosperity, Six-party talks, Inter-Korean summit talks, declaration of the ending the Korean War, denuclearization of the Korean Peninsula, special area for peace and cooperation in the West Sea.

제5장 노무현 정권 대북정책의 평가와 과제

조 찬 래*

〔국문요약〕

이 연구는 노무현 정부의 대북정책에 대한 평가로서 두 가지 전제 즉 노무현 정부의 철학과 포지티브 섬에 입각해서 이루어 져야 한다는 입장을 취했다. 분석의 편의를 위해 대북정책을 안보영역, 경제영역 및 국제영역으로 분류해서 각 영역에서 의도한 목표들이 달성되었는지를 고찰하고자 한다. 각 영역 별로 살펴보면 첫째 안보영역에서 노무현 정부는 2· 13합의를 통해 핵문제 해결의 실마리를 마련했다는 긍정적인 평가를 받을 만하다. 이러한 부분적 성과에도 불구하고 남북 간의 군사적 신뢰구축은 달성되지 못했고 북핵문제의 완전한 해결을 통한 한반도의 평화는 미래의 문제가 되었다. 둘째로, 경제영역에서도 노무현 정부가 정경분리 원칙을 적용해 실시한 경제교류의 확대는 정치적 신뢰구축에 이르지 못함으로써 남북경제 공동체 형성과 동북아 경제중심 국가의 실현도 어렵게 되었다. 마지막으로 국제영역에서도 북핵문제로 한반도 평화체제와 동북아 평화체제의 목표들도 달성되기 어려운 형편이다. 따라서 노무현 정부의 대북정책에 대한 전체적인 평가는 만족할 만한 수준에 이르지 못했다고 할 수 있다. 이 같은 평가를 통해 대북정책의 과제로는 북핵문제의 해결, 상호주의 원칙과 북한의 개혁. 개방 그리고 한미관계의 복원과 한반도 평화체제 구축 들을 들 수 있다. 북핵문제는 다른 과제들의 해결을 가로막는 최대 장애물이기 때문에 한국정부는 이 문제 해결에 정책적 우선순위를 두어야 한다. 또한 한국정부는 북한이 개방과 개혁을 스스로 할 수 있도록 하는 그리고 한미의 동맹관계가 평화체제와 조화롭게 발전 할 수 있는 전략과 정책을 마련해야 한다. 그

* 충남대학교.

러한 전략과 정책은 남북교류협력과 평화의 선 순환적 발전을 통해 한반도의 평화와 번영을 실현하기 위해서 필요한 것이다.

주제어 : 대북정책, 안보영역, 경제영역, 국제영역, 북핵문제, 남북교류협력, 평화체제

I. 서 론

어떤 정책을 평가하는 것은 대단히 어려운 일이다. 왜냐하면 정책에 대한 평가는 평가자의 의도와 가치가 개재함이 없이 객관적으로 이루어 지지 않은 경우가 많기 때문이다. 정책평가에 대한 논란이 자주 일어나게 되고 이는 평가의 정당성과 타당성에도 부정적인 영향을 준다. 따라서 정책에 대한 평가는 정책의 입안과 집행에 영향을 주는 여러 요인들, 즉 동기, 의도. 철학 및 환경 등의 요인들을 고려해서 신중하게 이루어 져야 한다.

노무현 정부의 대북정책도 이 같은 입장에서 평가되어야만 그러한 평가가 어느 정도 정당성과 타당성을 가질 것이다. 노무현 정부의 의도 철학 및 환경 등의 요인들을 고려해서 그것의 대북정책에 대한 평가는 이루어 져야 한다. 왜냐하면 다른 철학의 바탕에서 노무현 정부의 대북정책에 대한 평가는 정당하게 이루어 질 수 없고 이는 자칫 심각한 논란을 일으킬 수도 있다.

이 연구는 노무현 정부의 대북정책에 대한 평가를 두 개의 전제에 입각해서 하려고 한다. 첫째는 대북정책에 대한 평가는 노무현

정부의 철학의 바탕에서 이루어져야만 평가의 정당성과 타당성이 확보 될 수 있다는 점이다. 둘째로 노무현 정부의 대북정책은 제로섬 게임이 아닌 남북모두에게 이득이 되는 포지티브 섬(positive sum)적인 측면이 있다는 전제이다. 이 연구는 노무현 정부의 대북정책에 대한 평가를 통해 그러한 대북정책의 원칙과 목표가 의도한 대로 얼마나 이루어 졌는가를 살펴보고 향후 예상되는 대북정책의 과제를 도출하는 것을 목적으로 하고 있다.

II. 대북정책의 방향과 추진전략

1. 노무현정부의 대북정책의 배경과 구상

노무현 정부의 대북정책인 '평화번영정책'은 김대중 정부의 햇볕정책의 추진결과로서 조성된 남북한 간 화해. 협력의 관계를 지속적인 상태로 발전시키기 위해 제시되었다고 할 수 있다. 햇볕정책의 가시적 성과로 인해 남북관계는 기존의 관계를 훨씬 뛰어넘는 발전을 이룩했지만, 그것은 아직도 특수한 상황진전에 따라 적대적 관계로 변 할 수 있는 일시적이고 불안정적인 국면을 갖고 있었던 것도 사실이다. 따라서 노무현 정부는 햇볕정책을 계승하면서 남북관계의 지속적이고 안정적인 발전을 제도화하는 대북정책으로서 평화번영정책을 추진하였다. 이 같은 평화번영정책은 한반도의 군사안보적 측면(평화)과 경제적 측면(번영)의 균형적인 발전을 강조하고 있으며 이는 북핵문제를 비롯한 군사적 문제의 해

결을 통해 한반도의 평화정착과 공동번영을 정책의 목표로서 지향하고 있음을 나타내고 있는 것이다. 노무현 정부의 대북정책은 남북관계의 수준을 넘어 동북아의 국제정치 구조에서 한반도의 평화와 공동번영을 추구할 필요성을 강조했다고 할 수 있다. 달리 말하면 노무현정부의 대북정책은 남북관계 개선과 냉전구조 해체의 토대를 마련한 김대중 정부의 햇볕정책을 바탕으로 남북관계의 심화. 발전을 담은 한 단계 진전된 정책인 것이다.[1)]

노무현정부의 대북정책은 "한반도에 평화를 증진시키고 남북공동 번영을 추구함으로써 평화통일의 기반조성과 동북아 경제중심 국가로의 발전 토대를 마련하는"[2)] 구상을 갖고 있다. 한반도 평화와 번영에 최대 걸림돌이라고 할 수 있는 북핵문제를 주변 국가들과 협력하여 해결하고 이를 토대로 남북한 간의 신뢰구축과 한반도 평화체제를 구축함으로써 남북 공동번영을 추구하여 평화통일의 실질적 기반을 조성하고 궁극적으로는 동북아 경제중심 국가로 나 갈수 있는 토대를 마련 한다는 것이다.

2. 대북정책의 목표와 원칙

노무현정부의 대북정책은 한반도 평화증진과 남북한 공동번영을 목표로 천명하였다. 한반도의 평화증진은 남북관계의 제도화와 동북아의 안정에 절대적으로 필요한 사항임은 두말할 필요가 없다. 남북한 간에 평화 없이는 두 체제 모두 정상적인 발전을 기대하기는 어려운 것이다. 김대중 정부는 2000년 6· 15 정상회담을 통

1) 통일부. 『참여정부의 평화 번영정책』(서울: 통일부, 2003), pp. 1-2.

2) 위의 책, p.3.

하여 남북한 간의 교류와 협력을 심화. 확대시킴으로써 남북관계를 화해와 협력의 상태로 발전시키는 계기를 마련했다. 노무현 정부의 대북정책은 남북간에 대화를 통한 평화정착의 노력은 지속 확대 되어야 한다는 원칙에서 북핵문제의 평화적 해결, 남북의 실질적인 교류 협력 증진, 군사적 신뢰구축을 실현함으로써 한반도 평화증진을 꾀하려고 했다.

특히 북핵문제의 해결에서 한국의 주도적 역할을 강조한 것은 주목을 요하는 부문이다. 이는 노무현 정부가 북핵문제를 둘러싸고 조성되는 북미간의 갈등을 조정하여 핵문제의 해결과 북미관계 정상화에 이바지 하겠다는 야심찬 계획이라고 할 수 있다.

노무현 정부는 또한 남북공동 번영을 또 다른 목표로 설정하였다. 주지하다시피 남북간의 경제력 차이는 실로 엄청난 것이어서 이는 통일과정과 통일 후에 남한에게 엄청난 부담이 될 수밖에 없는 것이다. 그리고 국제적 교류와 의존이 심화되는 시기에 남북의 공동번영은 국제적 지원과 협력 없이는 불가능한 일로 여겨진다. 따라서 남북의 상호 보완적인 노력이 국제적인 지원과 협력에서 이루어진다면 이는 남북이 독자적인 발전을 이룩하여 남북공동번영을 추구함으로써 궁극적으로는 동북아경제 중심국가로 부상 할 수 있는 토대를 마련한다는 것이다.

이를 위해서 노무현 정부는 북핵문제의 해결과 남북관계의 발전을 병행 추진하였다. 이는 김대중 정부의 정경분리 원칙과 유사한 대북 접근법으로서 북핵문제가 남북관계의 발전에 장애가 되지 않도록 두 개의 문제에 같은 우선순위를 부여하고 별개의 채널을 통해 해결한다는 소위 복궤전략(two-track approach)을[3] 의미한

3) 박건영. "노무현 정부 대북정책의 평가와 과제," 국제정치학회 연례 학

다. 달리 말하면 북핵문제를 평화적으로 해결하려는 노력은 지속적으로 하지만 북핵문제와 남북관계가 충돌하는 상황이 발생할 경우 두 문제는 서로 연계시키지 않고 분리해서 독자적인 해결을 시도한다는 것이다.

노무현 정부의 대북정책은 남북공동 번영을 실현하기 위해서 상호신뢰 우선과 호혜주의 추진원칙으로 제시하였다. 분단으로 인한 오래 동안의 단절과 군사적 대치상태는 남북한간에 이질적인 체제와 불신을 형성케 하여 진정한 대화를 가로막는 요인이 되었다. 그러므로 상이한 체제와 가치관을 이해하고 존중하면서 상호신뢰를 구축하는 것이 무엇보다도 중요한 일이라고 할 수 있다. 남북관계가 서로에게 이익을 증진 시켜 주는 신뢰관계로 발전하여 진정한 의미에서 자발적이고 협력적인 관계로 형성되면 남북은 공동번영으로 나아갈 수 있을 것이다.

남북신뢰 구축은 군사적 신뢰의 확보 없이는 결코 실현 될 수없는 일이다. 노무현 정부는 군사적 긴장완화와 신뢰 관계없이는 남북관계의 획기적 진전을 기대할 수 없다는 인식에서 남북간에 군사적 합의를 중시했다. 달리 말하면 군사적 합의를 도출해서 남북간에 군사적 신뢰관계가 형성되면 남북 간에는 호혜주의에 기초한 상호신뢰가 구축되고 한반도 평화는 증진 된다는 것이다.

마지막으로 노무현 정부는 국민적 합의에 기반한 대북정책을 추진하겠다는 원칙을 제시했다. 기존의 대북정책은 주로 대통령을 비롯한 몇몇 특정인사가 주도적으로 결정하고 정부부처가 대북정책을 폐쇄적으로 추진해 왔기 때문에 국민들의 대북정책에 대한 비판과 오해가 있었던 것도 사실이다. 따라서 노무현 정부는 대북

술대회 발표논문(2007년 12월), p.106.

정책의 입안과 추진과정에서 국민의 참여를 확대시킴으로써 대북 정책의 투명성과 국민적 합의를 확보 한다는 것이다. 결과적으로 대북정책의 투명성과 국민적 합의는 노무현 정부의 도덕성과 민주성을 제고 시키려는 의도와 관련이 있는 것으로 보인다.

3. 대북정책의 추진전략

노무현 정부는 대북정책을 효율적으로 추진하기 위한 3단계 추진전략을 제시하였다. 추진전략의 첫 번째 단계는 북핵문제의 해결과 평화증진의 가속화를 모색한다는 것이다. 이를 위해서 북한 핵문제의 평화적 해결을 핵심과제로 설정하였다. 노무현 정부는 기존의 장관급회담 및 각종대화 채널을 유지하면서 북한 핵문제의 평화적 해결에 호응해 나오도록 북한을 설득하는 한편 중재를 통해 중단된 북미대화를 재개시키는 노력을 하기로 했다. 또한 남북관계의 개선을 통한 평화의 제도화를 위한 과제로 남북군사회담과 남북정상회담의 정례화를 추진하고 남북한간의 경제 사회교류와 협력의 심화 확대를 통해 민족의 동질성 회복을 촉진 한다는 것이다. 그리고 한미간의 긴밀한 공조체제의 확보유지는 물론 중국 일본 러시아 등의 국가들과 협력관계의 공고화를 통해 강화된 외교역량을 토대로 동북아 평화협력의 분위기를 조성하려는 노력을 한다.4)

노무현 정부의 대북정책 추진의 2단계 전략으로 남북협력 심화와 평화체제의 토대마련을 들고 있다. 이를 위해 첫째 북한의 핵무기와 미사일을 비롯한 대량살상 무기의(weapons of mass

4) 통일부(2003), p.10.

destruction)의 완전한 폐기를 요구한다. 이 같은 요구가 충족되면 중단된 중유공급의 재개를 비롯하여 경수로 건설사업의 적극적인 지원 등 북한이 필요로 하는 각종 지원을 적극적으로 지원 할 수 있다. 둘째로 남북한간에 적대적 관계를 해소하고 군사적 신뢰를 증진시키려는 노력을 한다. 군사적 신뢰구축을 위해 군사당국자 회담의 정례화를 추진하고 철도 도로 연결 등 남북교류 협력 사업에 대한 군사적 지원의 적극 보장을 통하여 남북군사관계 진전을 위한 정치 군사적 여건을 조성한다. 셋째로, 동북아 지역의 정치 안보 환경을 개선하여 한반도 평화정착과 동북아 경제중심국가 건설을 위한 방안으로 동북아 평화협력체 창설을 추진한다. 이것은 남북한 주변 국가들 미국, 일본, 중국 및 러시아가 참여하는 포괄적인 다자협의체라고 할 수 있다.[5)]

노무현 정부의 대북정책의 3단계추진 전략으로 남북한 평화협정의 체결과 한반도 평화체제의 구축을 들고 있다. 이를 위한 구체적인 정책과제로는 첫째, 남북이 당사자로서 평화협정을 체결하고 유관국이 이를 보장하는 회담을 추진하여 제도적 장치를 마련하고 정전협정을 대체하려고 한다. 그리고 정전체제를 평화체제로 전환하게 될 때 수반되는 문제들 즉, 미군철수, 유엔사의 지위변경 및 전시작전 통제권 환수문제 등에 대한 종합적인 검토와 대책이 마련되어야 한다. 셋째로, 한반도 평화체제 구축으로 남북 간에 신뢰가 형성되고 남북 간의 경제사회교류와 협력이 확대되면 남북을 하나의 경제권으로 묶는 남북경제공동체의 건설을 추구 한다. 넷째, 동북아 평화협력체를 추진하여 동북아 경제중심국가 건설을 도모한다는 것이다.[6)]

5) 위의 책, p.17.

요컨대 노무현 정부는 대북정책을 효율적으로 추진하기 위해 북한 핵문제의 평화적 해결을 통해 남북교류의 심화와 평화증진의 계기를 마련함으로써 한반도 평화체제의 구축과 동북아 평화협력체를 모색하는 단계적 추진전략을 구상하였던 것이다.

III. 대북정책의 성과와 한계

노무현 정부동안 추진되었던 대북정책을 평가하기는 쉬운 일은 아니다. 물론 여기서 평가는 노무현 정부의 대북정책이 그것이 지향하는 원칙에 부합하면서 표방한 목표들을 얼마만큼 성취했느냐를 평가하는데 초점을 두려고 한다. 왜냐하면 노무현 정부의 대북정책에 대한 평가는 그 정책의 기반이 된 철학과 인식에 바탕을 두어야 하기 때문이다. 따라서 노무현 정부의 대북정책에 대한 평가는 그 정부의 철학과 인식의 틀에서 이루어져야 한다. 북한체제의 붕괴 또는 김정일 정권의 교체를 대북정책의 목표로 하고 있는 학자가 노무현 정부의 대북정책을 정당하게 평가할 수는 없는 것이다. 또한 노무현 정부의 대북정책이 남북관계의 제로 섬 게임이 아닌 적극적인 섬(positive sum)을 추구한다는 전제에서 대북정책을 평가하려고 한다.

분석의 편의를 위해 노무현 대북정책을 세 개의 영역 즉 안보영역, 경제영역 및 국제영역 등으로 분류해서 각 영역에 속하는 정책과제들이 추진되어서 어떤 효과를 가져 왔는가를 살펴보겠다.

6) 위의 책, pp.10-11, 17.

1. 안보영역

이 영역에 속하는 정책과제로 북한 핵문제의 해결과 남북간 군사적 신뢰의 구축을 들 수 있다.

(1) 북핵문제의 평화적 해결

북한의 핵문제는 노무현 정부의 이전부터 시작된 문제이므로 어찌 보면 노무현 정부는 처음부터 이 문제에 대해 자유로울 수 가 없었다. 북핵문제는 김영삼 정부부터 노무현 정부에 이르기 까지 여러 가지 우여곡절을 거쳐도 해결 되지못한 난제로서, 이 문제의 해결 없이는 남북관계의 진전은 물론 한반도의 안정을 기대할 수 없는 중대한 현안이 되었다. 그러므로 노무현정부도 북핵문제의 평화적 해결을 정책의 우선과제로 삼은 것은 당연한 일로 여겨진다. 다만 역대정부와 다른 점은 북미간의 갈등을 한국이 조정해서 양국간의 관계가 개선되면 북핵문제도 해결의 실마리를 찾을 수 있다는 소위 북핵문제의 평화적 해결에서 한국이 주도적 역할을 해야 한다는 것이다.

노무현 정부에게 북핵문제는 2002년 10월 북한의 비밀 고농축 우라늄 프로그램 (HEU) 보유시인 발언으로 촉발된 제2차 핵 위기 일 것이다. 이러한 위기는 네오콘으로 둘러싸여서 대북강경자세를 견지했던 부시 행정부가 클린턴 정부의 북미 기본합의서, 페리프로세스 및 김대중 정부의 햇볕정책 등을 인정하지 않았기 때문에 더 악화된 측면도 있다. 이런 의미에서 노무현 정부는 초기에 북핵문제의 평화적 해결을 위한 정책적 선택 범위는 제한적 일 수 밖에 없었다.

그럼에도 불구하고 노무현 정부가 북핵문제의 평화적 해결에서

한국이 주도적 역할을 담당해야 한다고 정책적 언명을 한 것은 북핵 위기의 본질을 정확히 파악하지 못한 채 나온 순수한 발상 일지도 모른다. 노무현 정부는 이에 관해 다음과 같은 자체 평가를 하였다. 첫째, 노무현 정부는 6자회담과 남북대화를 병행하여 북핵 문제의 평화적 해결을 위한 노력을 적극 전개하였고 북핵문제 해결을 위한 적극적인 중재자로서 2· 13 합의를 이끌어 냈다. 둘째, 2005년 6자회담 중단 상황 속에서 북핵 상황의 악화를 막기 위해 중대제안을 구상하고 제시했으며 이는 6자회담 재개에 강력한 유인으로 제공되었으며 남북대화를 통한 중대 제안 제시라는 주도적 접근이 북핵 폐기를 담은 9.19 공동성명과 2 ·13 합의 채택으로 이어졌다. 셋째, 북한 핵실험 및 유엔안보리 대북제재 결의 국면에서도 국제적 차원의 제재와 함께 대화를 통한 문제해결 노력을 병행했다.7)

노무현 정부가 북미간의 갈등으로 6자 회담이 교착상태에 빠질 경우 이러한 갈등의 중재자로서 역할을 충실히 다함으로써 9·19 공동성명과 2·13 합의를 이끌어 내어 북핵문제가 평화적으로 해결될 수 있는 기회를 마련했다는 것은 분명 긍정적인 평가로 여겨진다. 사실 2·13 합의는 만족스러운 것은 아니지만 그래도 이전의 어떤 합의 보다 구체적인 로드맵이 제시함으로써 북핵문제를 어느 정도 안정적이고 예측적인 관리 하에서 해결 할 수 있는 전기를 마련했던 것이다.

노무현 정부의 북핵문제의 평화적 해결을 위한 노력은 긍정적 평가를 받을 만하다. 특히 2006년 10월북한 핵실험으로 유엔에서 채택 된 대북제재 결의 상황에서도 노무현 정부는 국제적 차원

7) 박건영(2007), p.105.

의 대북제재를 인정하면서도 대화를 통한 북핵문제 해결을 시도하였다. 부시대통령이 북핵문제의 해결 방법으로써 무력사용을 천명했을 경우에도, 노무현 정부는 이러한 무력사용에 명백히 반대하는 입장을 견지함으로써 한미간의 갈등상황이 발생한 것도 사실이었다. 노무현 정부의 이러한 노력들은 핵 위기를 평화적으로 관리해서 한반도에 전쟁재발을 방지 했을 뿐만 아니라 미국의 대한 외교의 자율성을 얻는 효과를 가져왔다.

어느 의미에서 노무현 정부의 이러한 노력들은 부시 정부가 북핵문제의 해결에서 강경한 입장을 유지할 수 없게 한 요인으로 작용 했는지도 모른다. 노무현 정부는 강경일변도의 네오콘들의 입지를 축소시켰고 부시 정부가 북핵문제 해결에 대화와 타협의 자세로 전환하는데 기여한 것으로 평가된다. 한국은 6자회담에서 중국과 함께 미국과 북한을 설득해서 이들 국가들이 북핵문제의 평화적 해결의 방법에 동의하는데 성공했던 것이다. 따라서 노무현 정부가 표방한 북핵문제의 평화적 해결에서 한국의 주도적 역할은 어느 정도 성과를 이루었다고 할 수 있다.

이러한 긍정적 평가에도 불구하고 2·13 합의 이후의 사태진전은 노무현 정부의 대북정책에 대한 부정적 평가가 있었던 것도 사실이다. 보다 근본적 문제는 2·13 합의가 북핵의 완전한 폐기와 북한의 군사적 위험의 해소에 이르는 데는 부족한 잠정적 조치에 불과하다는 것이다. 2·13합의는 북핵문제를 평화적으로 해결하는 과정의 일부로서 이해되고 이러한 합의에 따른 조치들이 현재까지 비교적 잘 진행 된 부분도 있고 그렇지 않은 부분도 있다. 따라서 노무현 정부의 북핵문제의 평화적 해결을 위한 노력들은 2·13 합의 이후 전개 된 상황의 영향을 받을 수밖에 없는 것이다.

북한은 2·13 합의를 비교적 잘 지켰다고 할 수 있다. 북한 핵

불능화의 전단계로서 영변 원자로의 핵 연료봉을 봉인하는 작업도 순조롭게 진행되었다. 그러나 북한은 아직도 고농축 우라늄 프로그램을 비롯한 핵물질들을 신고하지 않고 있으므로 2·13 합의에 의한 후속조치 들은 더 이상 진행되지 못하고 있다. 앞으로 이러한 사태가 어떻게 전개 될는지는 정확히 예측 할 수는 없으나 현재 상황은 노무현 정부의 북핵문제의 평화적 해결을 위한 노력에 부정적으로 작용 할 가능성도 전혀 배제 할 수없는 것이다.

또한 9·19 공동성명과 2·13합의 도출과정에서 한국이 주도적 역할을 했다는 노무현 정부의 주장도 엄밀한 의미에서 평가하면 다소 설득력이 떨어진다고 할 수 있다. 9·19 공동성명이 경수로 문제로 발생한 북미간의 갈등으로 표류하는 상화에서 북한이 6자회담 재개에 동의하고 2·13합의에 동의한 것은 북미 갈등에 한국의 중재적 역할보다는 미국의 BDA문제를 전향적으로 해결하겠다는 것을 북한에 언질 한 것이 더 중요하게 작용한 것으로 판단된다. 무엇보다도 부시 정부의 대북정책의 변경은 2006년 11월 중간선거에서 공화당의 패배로 외교안보 분야에서 네오콘들의 퇴조와 궤를 같이 하는 것이었다. 네오콘 대신 현실주의적인 입장을 견지하고 있는 관리들이 외교 안보 분야에 등장했고 이들이 부시 행정부의 대북강경책을 대화와 타협의 유화책으로 전환시켰기 때문에 6자회담에서 미국의 입장도 변경 되었고 이는 2· 13 합의를 도출하는 결정적 요인으로 작용했다는 것이다. 이러한 것이 사실이라면 2· 13 합의를 이끌어 내는 데 있어서 노무현 정부가 주장하는 한국의 주도적 역할은 인정하기 어려운 일인지도 모른다.

(2) 군사적 합의를 통한 군사적 신뢰구축

노무현 정부는 남북간에 군사적 합의를 한반도에 평화를 진작

시키기 위해서 가장 시급한 현안 핵심 과제의 하나로 삼았다. 특히 군사적 합의는 2000년 6·15 정상회담의 공동선언에도 빠져 있다는 점에서 노무현 정부는 군사적 분야에서 군사적 합의를 통해 남북간에 군사적 신뢰를 구축해서 남북관계의 획기적인 발전을 꾀하려는 구상을 했다. 그러나 남북간의 군사적 합의는 쉽게 이루어 질 수 있는 사안이 아니었다. 북한의 입장에서 남북간의 군사적 합의만으로는 북한의 안전문제는 끝나지 않는 것 이었다. 북한은 남한으로부터의 위협 보다는 미국으로 부터의 위협이 더 큰 문제이기 때문에 미국과 협상해서 이러한 안보위협을 해소하는 일이 국방정책의 우선순위에 두고 있었다. 따라서 북한은 남한과의 군사적 합의에 매우 소극적이었다고 할 수 있다.

그럼에도 불구하고 노무현 정부는 이 부문에서도 다음과 같은 성과를 이루었다고 했다.

첫째, 남과 북은 남북장성급 군사회담을 총 4차례 개최하고. 산하 수석대표 접촉 등을 포함해 총 32회의 군사관련 회담을 개최했다,

둘째, 남북은 남북 함정간 공용 통신망을 운용하기로 했고 해군당국 간 긴급연락 체계를 마련함으로써 과거 서해교전과 같은 우발적 무력충돌 발생방지에 노력했다.

셋째 남북은 군사분계선 선전활동을 중지하고 선전수단을 제거하였다.

넷째 북측 해역 선박 조난 시 한국 구조함정 및 초계기 진입이 허용되었고 비무장 지대 산불 발생 시 소방 헬기 진입이 허용 되었다.[8)]

---

8) 위 논문, p.108

이러한 성과들은 군사적 합의의 초기 단계에 이루어진 것으로 6·25 전쟁 후 남북 간에 군사적 합의가 전무한 실정에서 진일보한 평가라고 할 수 있다. 초기단계에서 군사적 합의들이 제대로 지켜지는 일이 누적 되면 이는 남북 간에 군사적 신뢰를 구축하는 토대가 될 것이다. 이 단계에서 중요한 것은 이러한 합의들을 남북 간의 군사적 신뢰구축과 군비통제의 기회로 연결시키는 정책적 노력인 것이다.

그러나 노무현 정부의 집권기간 동안 이 같은 노력은 미흡했다는 평가를 받고 있다. 노무현 정부는 남북군사 회담에서 한반도 군비통제를 이끌어 내지 못했다. 노무현 정부는 한국군 병력감축을 북한인민군의 병력 감축과 연계시켜 한반도에서 포괄적인 군비통제를 도출하는 정책을 결핍하고 있었다. 이 같은 정책은 단기적인 성과를 이루어 내기는 어렵지만 남북 간에 병력 감축을 비롯한 군비통제를 위한 회담이 개최되었다는 사실 자체 만으로도 그 상징적 의미는 과소평가 할 수없는 것이다.

노무현 정부는 북한의 핵 실험으로 남북의 군사적 대칭관계가 비대칭적 관계로 전환하는 시점에 대한 적절한 대응책을 마련하지 못했다는 평가를 받고 있다. 물론 남한은 미국의 핵우산 하에 있고 북한은 미국의 핵 보복을 두려워하기 때문에 섣불리 핵무기를 남한에 사용할 없다는 논리도 있다. 그러나 보다 근본적인 문제는 북한의 핵보유가 주변국을 불안하게 하기 때문에 제거되어야 하는 것이다. 왜냐하면 북한의 핵무기 보유는 남북한간의 군사적 균형에 근본적인 변화를 가져 올 뿐만 아니라 주변의 핵 보유국들이 북한에 대해 가지고 있었던 힘의 우위가 도전을 받을 수 있기 때문이다.

그러므로 노무현 정부는 미국 등의 주변국들과 긴밀한 협조체계

를 구축해서 북한의 핵보유를 제거하려는 노력을 했어야 했는데 그렇지 못했다는 것이다. 오히려 노무현 정부는 재래식 첨단무기 도입으로 북한의 핵무기 보유로 인한 남북간 군사적 불균형을 시정하려고 했다는 비판을 받고 있다. 이러한 무기도입은 남북한의 군비경쟁뿐만 아니라 주변국가들 간의 군비경쟁을 촉발시키는 단초를 제공 할 수 있는 것이었다. 더욱이 재래식 첨단무기 도입은 남북 간에 군사적 신뢰관계를 형성하는데 하등 도움이 되지 못했던 것도 사실이다.

결론적으로 노무현 정부는 군사적 초기단계에서 남북간의 합의를 도출하는 성과를 이루어 냈지만 이러한 성과를 한반도군비통제로 연결시키는 정책 노력이 결여했기 때문에 남북간의 군사적 신뢰를 구축하는데 실패했다고 할 수 있다. 군사적 신뢰구축을 위해 노무현 정부가 제시한 국방장관 회담 등 군사당국자 회담의 정례화를 추진하지 못했다. 다만 군사회담을 통해서 철도, 도로연결 등 남북교류 협력 사업에 대한 군사적 지원의 보장을 이끌어 내는데 성공했던 것이다. 노무현 정부가 북한 핵보유 문제를 적극적으로 대처하지 못했다는 사실은 한반도 평화정착을 위한 남북한 군사신뢰구축의 노력과는 부합하지 않는 것이다.

2. 경제영역

노무현 정부의 대북정책의 경제 영역은 남북한 경제협력을 통해 남북경제 공동체를 건설하고 이를 토대로 동북아 경제 중심국가로 나아간다는 구상을 제시하였다. 이를 통해서 한반도의 평화와 번영 그리고 동북아의 평화와 번영을 이룩할 수 있다는 것이다.

(1) 경제교류협력의 확대를 통한 남북경제공동체 건설

노무현 정부의 대북정책은 김대중 정부의 햇볕정책을 계승하여 남북한간의 경제교류 협력의 확대를 추진했다는 특징을 갖고 있다. 남북한의 경제교류 협력의 확대는 화해. 협력과 평화공존의 관계를 안정적으로 제도화하고 정치적 신뢰를 구축하여 장기적 관점에서 통일의 기반을 조성하는 것을 목적으로 하고 있다. 이 같은 과정을 거치면서 남북을 하나로 경제권으로 만드는 남북경제공동체를 건설할 수 있다는 것이다,

노무현 정부는 김대중 정부의 정경분리 또는 복궤전략(two-track approach)을 수용해서 남북한 경제교류가 한반도 대내외 상화의 변화와 관계없이 지속적으로 추진할 수 있게 했다. 이는 북핵문제로 한반도에 위기상황이 조성되었을 경우에도 남북경제 교류협력은 중단 없이 지속된다는 것을 의미한다. 이러한 의미에서 경제교류 협력 문제와 정치· 군사적 문제는 분리해서 별개의 채널을 통해 독자적인 해결을 추구 한다는 것이다.

노무현 정부는 북핵 위기 시에도 남북경제 교류협력이 증대했다는 주장을 하였다. 경제협력 분야에서 큰 진전이 이루어졌는데 기존의 3대 주요 경협사업인 철도. 도로연결 개성공단건설, 금강산관광이 본격적인 궤도에 오르면서 남북경제교류협력이 남북관계에서 큰 비중을 차지하게 되었다는 것이다. 철도, 도로 및 선박을 통한 인적 물적 교류량이 현저히 증가했다. 예를 들어 남북교역액은 4년간 38억 달러로 노무현 정부 이전 남북교역액 모두를 합한 32억 달러를 상회하며 교역구조에서 있어서도 일반교역, 위탁가공, 경제협력 등 상업적 거래의 비중이 증가하면서 남북교역이 보다 내실화 되었다.[9]

남북경제 교류협력에서의 이러한 외형적 증가는 남북관계의 진전에 긍정적인 영향을 주었다. 그러나 보다 중요한 것은 이 같은 양적 증가가 누적적인 효과를 만들어 내 질적 변화를 일으켜서 남북간에 정치적 군사적 신뢰를 형성하는 일이다. 따라서 남북 교류협력의 확대가 이러한 신뢰관계에 이르지 못하면 교류협력의 증가는 어떤 의미를 갖지 못하게 된다. 더욱이 이러한 신뢰관계가 형성되지 않으면 남북경제 공동체의 건설도 어려운 것이다.

실제로 노무현 정부는 정경분리 원칙 또는 복궤전략을 제대로 실천하지 못하는 정책적 실수를 자행해 남북 간의 신뢰관계 형성을 저해하였다. 2006년 7월 4일 북한이 미사일 실험 후 식량 등 인도적 지원을 중단 했던 것은 노무현 정부가 정경분리 원칙을 스스로 지키지 못한 대표적인 사례라고 할 수 있다. 노무현 정부는 미국보다 먼저 북한을 제재하는 조치를 취함으로써 남북관계는 한때 일시적 이나마 경색되는 상황을 맞이하기도 했다. 또한 노 정부의 고위관리는 북 핵실험이 공격용이 아닌 자위용일 가능성일 것이라는 발언을 해 논란을 불러일으키기도 했다.[10]

노무현 정부의 이 같은 애매모호한 입장은 2006년 10월 북한의 핵실험 이후 조성 된 한반도 위기상황에서 더 극명하게 나타났다. 노무현 대통령은 북한을 두둔하는 입장을 피력하곤 했다. "북핵은 남한을 겨냥하는 것이 아니므로 우리에게는 무해하다"[11]고 했으며 2006년 12월 7일 "북한이 핵을 사용하더라도 남한에게 피해는 끼칠 수 있어도 전쟁에는 이기지 못할 것이라고"[12] 말함으

9) 위 논문. p. 107.
10) 『조선일보』(2006년 7월 5일). p.6.
11) 『조선일보』(2006년 10월 5일), p.3
12) 『신년사와 간담회』(2007년 1월 2일)

로써 대북제제와는 상반된 입장을 보였다. 노무현 정부는 어느 상황에서는 대북강경 입장을 다른 상황에서는 대북유화 입장을 보임으로써 정경분리의 원칙을 지키지 못하게 되었고 심지어는 대북정책의 심각한 혼란을 자초하기 까지 했던 것이다.

노무현 정부는 정경분리 원칙을 지키지 못한 결과 북핵문제가 남북관계에 미치는 부정적 영향을 차단하지 못했고 남북관계에서 대북 지렛대(leverage)를 확보하지 못한 채 끌려 다니는 어정쩡한 상태에 있기도 했다. 특히 노무현 정부는 북핵문제와 관계없이 남북간에 경제교류 협력이 독자적으로 진행하여 발전하는 영역을 확보하는데 실패하였다. 오히려 북한은 민족공조를 내세우면서 남한으로 부터 필요한 경제적 이권을 확보하는데 주 관심이 있었지 경제교류의 확대가 가져다 주는 남북 간의 정치적 신뢰관계 형성에는 전혀 관심이 없어 보였던 것 같다.

2007년 10월 4일 노무현 정부가 추진한 제2차 남북정상회담 합의 후에도 이 같은 상황은 변하지 않았다고 할 수 있다. 제2차 정상회담은 200년 6·15 공동선언에 따라 김정일 국방위원장이 남한 답방을 이행한 후에 이루어지는 것이 순리인데 이러한 약속을 지킴이 없이 이루어 졌다. 또한 이번 정상회담은 노무현 대통령이 임기를 얼마 남지 않은 상태에서 추진되었으므로 정상화담의 합의가 제대로 지켜 질 수 있는지에 대해 의문이 제기 되기도 했다. 제2차 정상화담은 남북경제 교류협력을 획기적으로 개선 시켜 줄 수 있는 경제 분야에서[13] 합의를 도출한 것도 사실이나 이러한 합의가 다음 정부에도 제대로 지켜질는지, 또는 지켜지더라도

13) 제 2차 정상회담에서 경제 분야의 합의로는 해주일대 경제특구 건설, 개성공단 2단계 개발 , 안변과 남포에 조선협력 단지 건설 등을 들 수 있다. 조선일보(2007년 1월 5일). p.1.

이러한 합의를 실천하는데 소요되는 자본조달이 어떻게 이루어질지 등의 문제들이 미해결의 상태로 남아있다.

제2차 정상회담 후에도 남북간의 경제교류 협력은 순조롭게 진행되었으나 이러한 교류가 남북간의 정치적 신뢰관계 형성에 도움이 되었다는 징후는 찾아 볼 수가 없었다. 노무현 정부는 경제 분야의 합의를 실천하기 위한 후속조치 마련에 분주 했으나, 실제적으로 남북간의 경제교류 협력의 확대를 획기적으로 발전시켜 남과 북을 하나로 묶는 경제공동체를 실현하는 구체적인 전략과 정책은 없었던 것이다.

정경분리 원칙을 지키지 못한 것 그리고 남북정상 회담을 원칙 없이 무리하게 추진한 것 등은 노무현 대북정책의 추진과정에서 철학과 비전이 결여 했다는 사실과 관련이 있다. 일관성 없는 대북정책의 추진으로 남북한간의 경제교류 확대는 외형적으로 증가했지만 이러한 증가가 질적 변화를 일으키는 즉 남북간의 정치적 신뢰관계가 형성되는데 이르지 못했다. 특히 정상회담에서의 철학과 전략의 부재는 소극성과 상황추구주의를 낳았고 나아가 남북관계를 한미관계의 종속변수로 다운그레이드 시켰으며, 결국 노무현 정부의 대북정책에서 역동성 진취성 창조성 미래지향성 등을 잠식하였다.[14]

(2) 동북아 경제중심 국가

노무현 정부의 대북정책은 남북경제 교류협력의 확대를 통해 남과 북이 공동으로 번영하면 남한은 동북아 경제중심 국가로 발돋움해서 동북아 평화와 번영에 기여 할 수 있다는 구상을 제시했다. 달리 말하면 남북경제 공동체 형성이 동북아 경제중심 국가건

14) 박건영(2007), p.108.

설의 발판이 된다고 하겠다.

이 같은 구상에서 문제는 남북경제 교류협력의 확대를 통해 남북간에 정치적 신뢰도 형성되지도 못했고 따라서 이것을 기초로 하는 남북경제 공동건설도 가시화되지 않았다는 것이다. 남북공동체의 실현이 가시화되지 않은 상황에서 동북아 경제중심 국가를 논하는 것은 무리라고 생각된다.

더욱이, 노무현 정부는 일관성 없는 대북정책의 추진으로 한미관계가 갈등상황으로 발전했고 이 연장선에서 한일관계도 순조롭지 않게 진행되었다. 반면에 한국과 중국은 더 한층 가까워지는 관계로 발전하였다. 동북아에서 대북관계를 둘러싸고 한·중과 미·일의 대립구도가 간헐적으로 표면화 되곤 했다.

남북간의 신뢰관계의 부재 그리고 동북아의 새로운 대립구도의 형성 등으로 노무현 정부의 동북아 경제중심 국가는 실현될 가능성이 희박한 것이었다. 한국이 동북아 지역의 평화와 번영 그리고 이 지역에서의 경제협력에서 주도적 역할을 하기 보다는 오히려 어떤 면에서 동북아지역의 대립구도를 선도하고 있는 데서[15)]이러한 동북아 경제중심 국가의 건설은 어려운 일로 여겨진다.

어느 의미에서 동북아 경제중심 국가 건설은 노무현 정부의 대북정책 중 가장 실패한 과제로 꼽히고 있다. 무엇보다도 개념도 불확실한 데다 재경부 산자부 균형발전위원회 등과의 업무를 둘러싸고 갈등도 심했다. 2003년 7월 재경부 장관이 위원장인 경제자유구역위원회에 경제 중심업무를 넘겼고 2004년 6월 아예 이름을 동북아시대위원회로 바꿨었고 9월에는 외자유치 업무를 각 부

15) 주성환. "평화번영정책의 남북한 경제관계에 대한 효과," 『국제지역연구』, 제 11권 제 1호(2007년 3월), p.804.

처에 넘겼고 2005년 3월에는 안보정책 기획 업무를 제외한 모든 기능을 국민경제자문 위원회에 넘겼다.[16] 결국 동북아시대위원회는 5년 동안 개념도 제대로 정립도 하지 못한 채 과제를 접어야만 했다.

3. 국제영역

노무현 정부의 대북정책은 국제영역에서 한반도 평화체제의 구축과 동북아 평화협력 체제 구상을 하고 있다. 북핵문제가 해결되면 한반도 평화체제를 구체적으로 논의 할 환경이 이루어진다는 것이다. 노무현 정부는 먼저 평화체제 구축에 대한 국민적 합의를 형성한 다음 정치권과 초당적인 협력을 바탕으로 남북이 당사자로서 평화협정을 체결하고 이를 미국, 중국, 일본 및 러시아가 공동으로 보장하는 제도적 장치를 마련함으로써 정전협정을 대체한다는 구상을 제시하였다. 그리고 한반도 평화체제 구축을 기반으로 동북아 평화협력체제의 형성도 가능하다는 것이다.

(1) 한반도 평화체제 구축

노무현 정부의 한반도 평화체제 구축을 위해 노력을 하기 시작한 것은 제2차 남북정상회담 후일 것이다. 이 회담에서 남북정상은 한반도 정전체제 종식과 평화체제로의 전환을 위해 3개국 또는 4개국 정상들이 종전선언을 하는 문제를 추진하기로 했다.[17] 종전선언에는 중국의 참여가 바람직하기 때문에 4자회담이 될 가능성이 높다. 노무현 정부의 입장에서 이러한 종전선언은 한국이 북

16) 『조선일보』(2008년 1월 26일), p.6.
17) 『조선일보』(2007년 10월 5일), p.1.

한으로부터 평화협정의 공식적인 당사자로 인정받을 수 있을 뿐만 아니라 경우에 따라서는 평화체제 논의에서 주도적 지위를 확보하는 효과를 거둘 수 있을 것으로 보인다.

문제는 북핵문제가 쉽게 해결 되지 않은 상황에서 종전선언을 이끌어 내기는 쉽지가 않다는 것이다. 또한 미국도 평화체제에 대해 소극적인 입장이었다. 미국은 북핵문제가 해결되기 까지는 종전선언과 평화제제 구축에 대한 논의는 어렵다는 것이었다. 미국은 한반도 평화체제는 우선적으로 남북한 당사국들이 협의를 통해 구축할 문제이며 평화체제가 구축될 때 까지는 정전협정을 준수해야 하며 자신을 배제하거나 급격한 변화를 동반하는 현상을 원치 않는다는 입장을 보였다.

미국의 이 같은 입장은 다소 변하는 것 같은 모습을 보였다. 2006년 11월 하노이 APEC 정상회의를 계기로 열린 한·미 정상회담에서 양 정상은 북한이 핵무기를 포기 할 경우 한반도 평화체제 구축을 위해 정전상태에 있는 한국전의 종료를 선언하는 방안에 대해 논의 했고, 부시 대통령은 한반도 평화체제 구축을 위해 김정일 위원장과 한국전 종전을 선언하는 문서에 공동으로 서면할 용의가 있음을 밝혔다.

부시 행정부의 유연한 입장은 2007년 9월 호주 시드니에서 가진 한·미 정상회담에서 더 분명해 졌다고 할 수 있다. 동 회담에서 부시 대통령은 한국에서 전쟁을 우리가 끝낼 수 있다. 그러기 위해선 김정일이 핵무기에 관해 검증 가능하도록 폐기해야 한다고 언급했다. 또한 나의 목표는 평화조약을 통해 한국전쟁을 종결시키는 것이며 이를 위해서는 김정일 위원장이 핵 프로그램을 검증 가능하게 폐기해야 한다고 언급함으로써 한반도 평화체제를 핵문제와 연계시키는 입장을 취했다. 그러나 부시 대통령이 평화협정

을 언급했다는 것은 북한이 핵문제의 해결에 적극적인 자세를 보인다면 미국도 한반도 평화체제 구축에 전향적인 입장을 보일 수 있다는 것을 암시하는 것으로 보아야 할 것이다. 이러한 입장 변화가 부시 행정부의 대북정책이 근본적으로 변한 것인지 아니면 단지 일시적인 전략의 변화인지에 대해서는 논란이 많으나 확실한 것은 미국이 북한과의 대화를 통해 핵문제의 해결과 한반도 평화체제 구축을 시도하고 있다는 점이다.

그러나 시드니 정상회담 이후 부시 대통령과 노무현 대통령은 평화협정에 대해 동상이몽의 입장을 갖고 있음이 사실로 드러났다. 노무현 대통령은 평화협정에 중점을 둔 반면 부시 대통령은 검증 가능한 북핵 폐기에 중점을 두었다고 할 수 있다.[18] 이러한 차이는 2·13 합의이후 진행되고 있는 핵 불능에 대한 인식의 차이와 관련이 있을 지도 모른다.

노대통령은 2차 남북 정상회담에서 북핵문제를 가급적 의제로 다루려고 하지 않겠다는 의사를 피력했다. 그는 북핵문제가 풀려가는 과정은 기정사실이고 한 고비 넘어 간 것이고 이제 다음 고개가 중요한데 바로 평화정착이라고 말함으로써 정상회담의 핵심의제가 평화협정이라는 속내를 드러냈다.[19] 그 만큼 노무현 대통령은 정전협정을 평화협정으로 대체하여 평화체제를 구축함으로써 한반도에 평화와 번영의 시대가 도래 하는 것에 지대한 관심을 갖고 있었던 것이다.

노무현 정부의 노력과 미국의 유연한 입장에도 불구하고 2·13

18) Ralph A. Cossa. North-South Summit: Some Bed, Different Dream?. Pacific Forum CSIS PacNet Newsletter #38 (September,2007), p.21.

19) 『중앙일보』(2007년 9월12일), p.3.

합의에 따라 하기로 되어있는 북한의 핵물질 신고가 제대로 이루어 지지 않아 종전선언과 평화체제에 관한 논의는 별 진전을 보지 못했다. 노무현 대통령이 북핵문제에 관계없이 평화체제 구축을 논하려는 노력도 구체적인 성과를 얻기는 어려운 형편이다. 왜냐하면 미국은 북한이 핵 프로그램의 완전한 폐기가 입증되어야만 평화체제를 논할 수 있다는 입장을 고수할 것이 명백하고 심지어 미국을 배제한 채 남북 간의 평화제제 논의를 하더라도 이러한 논의는 어떤 의의를 갖지 못하기 때문이다.

더욱이 남북간에 경제교류 협력의 확대를 통해 정치적 신뢰관계가 형성되지도 못하고 있는 현실에서 한반도 평화제제 구축에 관한 논의를 한다는 것 자체가 무리라는 판단일지도 모른다. 남북간에 정치적 신뢰가 구축되고 난 후에 한반도 평화체제를 논하는 것이 자연적 순리인 것이다. 제2차 정상회담 후 노무현 정부가 평화체제를 구축하려는 시도는 바람직한 방향이나 현실화되기는 매우 어려운 일이고 따라서 선언적 수준에 머무르는 정치적 이상 또는 구호에 지나지 않았다고 할 수 있다.

실제 노무현 정부의 평화체제에 관한 논의는 국제적 관심을 받지 못하자 중단되고 말았다. 북핵문제로 미국과 북한이 적극성을 보이고 있지 않은 상황에서 평화체제 논의는 더 이상 진전 될 수 없었던 것이다. 그러므로 정전협정을 평화협정으로 대체함으로써 확립될 수 있는 평화체제 구축을 위한 노력은 무위로 끝나게 되었고 이러한 실패로 노무현 정부가 구상한 한반도의 평화와 번영의 선 순환적 발전도 이루어지기 어렵게 되었다.

(2) 동북아 평화협력체제

노무현 정부는 한반도의 평화와 번영은 동북아 지역의 평화와 밀접하게 관련이 있으므로 동북아 역내 국가들이 동북아의 평화와 안보를 위해 포괄적인 협의체를 구성하는 것은 바람직한 일로 여겼다. 달리 말하면 남한과 북한, 미국 일본 중국 및 러시아 참여하는 다자안보협의체 구성이 필요하다는 것이다. 이러한 다자안보협의체는 궁극적으로 동북아 지역안보협력기구로 발전시켜 동북아 평화협력체제로 발전시켜 나가겠다는 구상이었다. 그리고 동북아 평화협력체제는 동북아 경제공동체 형성에 기여하는 방식으로 추진하는 것이 바람직하다는 것이다.

북핵문제의 해결을 위해 구성된 6자회담이 동북아 평화협력체계의 전단계로서 다자안보협의체의 성격을 갖고 있다. 6자회담이 북핵문제를 성공적으로 해결할 경우 이 회담은 동북아지역의 평화와 안보를 다루는 다자협의체로 발전할 가능도 높은 편이다. 그런 경우 노무현 정부가 구상하는 동북아 평화협력 체제도 실현 될 것으로 보인다.

그러나 동북아 지역의 현실적 여건들은 이 같은 구상을 실현하기에는 아직 성숙하지 않았다고 할 수 있다. 아직도 미해결의 상태로 있는 북핵문제는 남북의 경제공동체의 형성과 동북아 지역의 평화와 안정을 저해하는 요인으로 작용하고 있다. 또한 동북아역내 국가들 간에 대립과 갈등의 상존은 경제협의체는 물론 안보협의체의 구성을 어렵게 하고 있다.

실제 노무현 정부는 동북아 평화협력 체제의 구상을 현실화시키기 위한 구체적인 전략과 비전을 결핍하고 있었다. 동북아 평화협력 체제의 목표를 달성하기 위해 동북아 역내의 다양한 국가들과 어떻게 보조를 취할 것인가에 대한 방안제시가 없었고 평화협력체제 또는 다자안보 협의체 논의과정에서 한국의 주도적 역할은 동

북아 지역의 다른 국가들로부터 반발을 낳아 자칫 새로운 갈등상황을 야기 할 우려가 있었다. 어느 의미에서 노무현 정부의 이러한 구상도 현실화되기는 어려운 정치적 이상에 불과한 구호였다고 할 수 있다.

IV. 대북정책의 과제

이전 절에서 노무현 정부의 대북정책에 대해 다소 부정적인 평가를 하였다. 남북의 공동번영과 한반도 평화의 선 순환 구조를 만들기 위해서 노무현 정부의 대북정책은 여러 가지 과제를 안고 있다. 이러한 평가를 통해 노무현 정부의 대북정책에서 해결해야 할 과제들로서 북핵문제의 해결, 상호주의 원칙에 의한 남북경제 교류의 실시와 북한의 개혁. 개방 유도, 및 한·미 관계의 회복과 한반도 평화체제 구축 등을 들 수 있다.

1.북핵문제의 해결

대북정책의 우선과제로서 북핵문제의 해결을 꼽을 수 있다. 북핵문제는 대북정책의 진전을 가로막는 최대 장애물이므로 이 문제의 해결 없이는 남북관계의 획기적인 기대를 할 수 없기 때문이다. 또한 북핵문제는 한반도의 평회와 안보는 물론 동북아 지역의 평화와 안보에도 영향을 미치는 중대한 사안이므로 이 문제가 해결되어야 다자안보협의체 구성과 동북아 지역평화체제도 가능할 것으로 보인다.

노무현 정부는 김대중 정부 보다 북핵문제의 해결에서 진전된 성과를 거두었다고 할 수 있다. 2·13 합의이후 북핵문제가 로드맵에 따라 해결의 가닥을 잡았다는 것은 긍정적으로 평가할 만하다. 그러나 북핵문제의 해결에 낙관적인 판단을 하기에는 아직 이르다는 생각한다. 최근 북한이 핵물질 신고를 제대로 하지 않는 점을 고려 할 때 한국정부는 6자회담과 주변국가와의 관계에서 북핵문제가 해결될 수 있도록 외교적 역량을 다해야 한다.

또한 한국정부는 북핵 이후에 대비하는 전력과 정책을 개발해야 한다. 북핵문제의 해결이 한반도의 평화 안전을 보장하는 것은 아니다. 북핵문제의 해결에서 한국의 주도적 역할이 제한적이었다는 점에서 한국정부는 자신의 역량을 최대한 활용하여 북핵문제 해결 후에 예상되는 복잡한 문제들에 능동적이고 효과적으로 대체할 수 있도록 만반의 준비를 다 해야 한다. 북핵문제의 해결로 북미관계가 정상화의 길로 들어서면 미국은 북한의 미사일, 재래식 무기 생화학 무기 및 인권 등과 같은 문제들을 제기할 것이다. 미국이 이러한 문제들의 해결을 북·미관계 정상화의 조건으로 제시하면 북한은 이에 대해 반발하면서 테러 지원국 해제, 대북제재의 해소 및 북미평화 협정체결 등을 요구할 가능성이 있다.

이 같은 상황에서 한국정부는 북미관계의 조정을 통해 북미관계의 정상화에 기여할 수 있도록 능력을 충분히 활용해야 한다. 이 같은 조정능력이 확립되어 제 기능을 한다면 한국정부는 자신에게 유리한 통일 환경을 조성할 있을 뿐만 아니라 통일 후에도 한반도와 동북아 지역의 평화와 안보에 능동적으로 기여할 것으로 본다. 또한 한국 정부는 조정능력의 제고를 통해 대북협상에서 확실한 우위를 차지하게 됨으로써 북한에 대한 통제력을 점차적으로 갖게 될 것으로 전망한다.

2. 상호주의 원칙과 북한의 개혁. 개방

노무현 정부는 정경분리 원칙을 지키지 못했기 때문에 대북정책에서 혼란만 가중시켰다는 비판을 받았다. 북핵문제가 해결 되지도 않았을 뿐만 아니라 북핵문제와는 관계없이 추진되었던 남북경제교류의 확대도 남북 간의 정치적 신뢰관계를 형성하는데 실패했다. 햇볕정책 이후 남북관계는 인적 물적 교류의 확대를 통해 개선되었으나 이러한 관계는 호혜적이 아닌 일방적이었다. 달리 말하면 남한이 북한을 일방적으로 지원하는, 즉 북한 퍼주기로 일관했다는 것이다. 더욱이 이러한 북한의 일방적 지원은 남한이 북한에 대한 지렛대를 확보하지 못한 채 오히려 북한에 질질 끌려 다녔다는 점에 문제의 심각성이 있다.

그러므로 한국정부는 대북정책의 원칙과 목표를 바꿀 시점에 와 있다고 할 수 있다. 대북정책에서 상호주의 원칙을 적용해 북한이 자발적으로 체제를 개혁, 개방할 수 있도록 해야 한다. 남북한 경제교류는 남북한 모두에게 이득이 되는 방향으로 추진하되 한국정부는 이러한 교류를 통해 북한이 스스로 외부에 문호를 개방해 체제개혁을 단행할 수 있는 유인책을 마련하는 방안도 적극적으로 고려해야 한다.

상호주의 원칙의 적용에는 세심한 정책적 배려가 필요하다. 상호주의를 엄격히 적용하는 것은 자칫 남북관계 전반에 부정적인 영향을 미칠 수 있다. 상호주의 원칙은 엄격히 적용하기 보다는 상황변화에 따라 신축적으로 적용하는 편이 적절할 것으로 판단된다. 왜냐하면 이 같은 신축적 적용은 북한의 남한에의 경제의존도를 고려할 때 남북경제교류에서의 급격한 악화를 방지 할 수 있고 경제교류 협력을 통해 북한에 대한 지렛대를 확보할 수 있는 기회

를 한국정부에게 줄 수 있기 때문이다.

현실적 상황에서 북한을 개방과 개혁의 길로 나가게 하는 것은 그리 간단한 문제는 아니다. 북한은 경제교류 협력이 체제유지에 미칠 부정적 영향을 두려워해서 남한과의 과감한 경제협력교류의 확대를 주저하고 있다. 그렇다고 해서 한국정부의 대북정책에서 북한이 개혁과 개방을 스스로 할 수 있도록 도와주는 전략적 선택을 결코 포기해서는 안 된다. 왜냐 하면 개혁·개방 없는 경제협력은 북한이 직면하고 있는 위기를 극복하지 못하고 북한의 개혁, 개방 없이는 경제교류 협력과 평화의 선 순환적 발전은 어렵기 때문이다.[20]

3. 한미관계의 회복과 한반도 평화체제구축

노무현 정부의 대북정책은 한·미간의 갈등을 야기시켜 전통적인 한·미 공조체제에 균열을 초래했다는 비판을 받았다. 동맹보다 자주를 강조했던 노무현 대통령은 북핵문제의 해법을 둘러싸고 미국과의 미묘한 갈등을 일으키기도 했다. 노 대통령은 부시 행정부가 북핵 해법을 찾으려는 것이 아니라 북한을 밀어 붙이기만 한다고 함으로써[21] 미국에 대한 불신을 피력했다. 이 같은 갈등은 아직 우려 할 만 한 수준은 아니지만 새롭게 부각된 쟁점의 성격에 따라서는 한·미간에 부정적안 영향을 미칠 수 있다는 것을 부인할 수 없다. 따라서 한국정부는 다소 훼손된 한·미 관계를 신뢰의 관계로 회복하는 일이 중대한 외교적 현안이 된 것이다.

20) 하영선. "10. 4 공동선언이 남긴 두 가지 숙제." 『조선일보』(2007년 10월 5일). p.29.

21) 『조선일보』(2008년 1월26일). P.6.

북핵문제가 해결되어서 한반도 평화체제에 대한 논의가 본격화되면 한국정부는 미국과의 동맹관계의 강화가 필수적임은 두말할 필요가 없다. 왜냐하면 북핵문제로 인해 한반도의 안보불안이 상존하는 상황에서 한미관계가 악화되면 한국의 안보는 물론 동북아 지역도 불안한 국면에 놓이게 되기 때문이다. 또한 평화체제에 대한 논의과정에서 주한미군의 역할변경과 유엔사의 지위문제는 한・미간에 중요한 쟁점들로서 부각 될 것이고 이러한 쟁점들에 대한 합의는 한・미공 조 체제의 틀 내에서 양국의 이익에 부합되는 방향으로 이루지는 것이 바람직하다고 본다.

한국정부는 평화체제와 한・미관계가 조화롭게 발전할 수 있는 전략과 정책을 마련해야 한다. 이를 위해서 한미관계를 탈냉전의 시대에 적합한 구조와 틀을 갖고 발전시킬 필요가 있다. 한국정부는 한반도의 평화체제 구축을 위해 다음의 몇 가지를 전략적 사항으로 고려해볼 만하다. 첫째로, 한국정부는 평화체제의 구축이 한국과 미국의 이익에 도움이 된다는 것을 명백히 할 필요가 있다. 한국정부는 평화체제 구축이 미국의 대북정책 비용을 감소시켜 주며 장기적으로 동북아 다자안보 협력체 구성의 기반을 제공함으로써 미국의 대테러 전쟁이 도움이 될 수 있음을 미국정부에 강조해야 한다.

둘째로, 6자회담을 다자안보협력체로 발전시켜 미국이 동북아의 균형자 또는 안정자로서의 역할을 수행하는 전략적 방안을 마련해야 한다. 또한 미국은 이러한 역할을 통해 한반도 평화체제구축의 지지자가 될 수 있도록 해야 한다.

마지막으로, 한국정부는 북한의 핵 포기 그리고 주한미군과 한・미동맹의 유지는 한반도 평화체제 구축을 위한 전제조건이 되어야 함을 명백히 해야 한다. 북한이 핵을 포기 하지 않은 상태에

서 한반도에서 군사적 긴장완화와 신뢰관계는 어려운 일이며 따라서 평화체제 구축은 무의미 한 것이다. 또한 한국정부는 주한미군과 한미군사 동맹이 평화체제 구축과 상호보완적으로 발전할 있는 정책을 강구해야 한다.[22)]

V. 결 론

노무현 정부의 대북정책은 설정한 목표를 달성하는데 실패했다고 할 수 있다. 다만 어느 정부보다 북핵문제의 중압감 속에서 출발한 노무현 정부는 북미간의 관계의 조정을 통해 2·13합의를 도출해 북핵문제 해결의 실마리를 찾았다는 것은 부분적인 성과로 여겨진다. 그럼에도 불구하고 노무현 정부에 대한 전체적인 평가는 만족스럽지 못한 것 같다.

각 영역 별로 간단히 살펴보면, 우선 안보영역에서 북핵문제의 해결을 위한 전기를 마련했으나 북핵문제는 아직도 완전히 해결되지 않은 채 한반도와 동북아의 불안 요인이 되고 있다. 노무현 정부가 목표로 삼았던 한반도와 동북아의 평화와 번영은 현재의 여건에서는 실현 될 가능성이 희박한 것이다. 또한 남북국방 회담을 비롯한 군사회담들이 개최되었으나 이러한 회담들은 정례화 되지 못하는 일과성으로 끝나게 되었다. 따라서 군사적 합의를 통한 남북 간의 군사적 신뢰구축도 이루어지기 어려운 형편인 것이다.

경제영역에서 노무현 정부는 남북공동 경제공동체 형성과 동북

22) 조찬래. "한미관계와 한반도 평화체제." 『사회과학연구』, 제18권 (충남대학교 사회과학 연구소, 겨울호), P.168.

아 경제중심 국가를 목표로 삼았다. 남북한경제 교류가 확대되면 남북간에 정치적 신뢰가 형성 될 것이고 이러한 신뢰를 기초로 남과 북을 하나로 묶는 경제공동체를 형성하면 이러한 남북경제 공동체는 한국이 동북아 중심구가로 나갈 수 있는 기반이 된다는 것이다. 그러나 노무현 정부는 이 같은 목표들을 달상하지 못했다. 특히 동북아 중심 국가는 개념자체도 정립하지 못하고 막을 내리게 되었다.

국제영역에서 노무현 정부가 한반도 평화체제와 동북아 평화협력 체제도 북핵문제로 성사되기가 쉽지는 않을 것으로 보인다. 제2차 남북 정상화담 후 노무현 대통령이 한반도의 냉전구조를 해체하기 위해 정전협정을 평화협정으로 대체하는 평화체제에 대한 논의를 활성화 시키려는 노력을 했으나 무위로 끝나고 말았다. 북핵문제로 미국이 평화체제 구축에 대해 적극성을 보이지 않기 때문에 노무현 정부의 이러한 노력은 시기상조일수도 있다.

노무현 정부의 대북정책에 대한 평가를 통해 몇 가지 과제를 도출할 수 있다. 북핵문제 해결에 정책적 우선순위를 두어야 하고 북핵문제 해결 후 예상되는 문제들 -북한의 생화학 무기 인권- 등에 대한 대책도 마련해야 한다. 또한 대북정책의 원칙과 목표도 바꾸어서 상호주의 원칙을 적용해 남북경제교류 협력을 실시하고 이러한 교류 협력을 통해 북한이 스스로 개혁과 개방으로 나갈 수 있도록 하는 전략과 정책을 마련해야 한다. 마지막으로 한·미관계가 신뢰관계로 회복되어야 하고 이러한 신뢰관계가 한반도 평화체제와 조화롭게 발전 할 수 있는 전략적 고려를 해야 한다. 이와 관련해서 6자회담을 다자안보협의체로 발전시키고 이러한 틀 내에서 미국이 동북아 지역의 안정자로서 역할을 할 수 있도록 해야 한다.

이 같은 과제들이 제대로 이루어지면 노무현 정부가 대북정책의 최종목표로서 구상한 남북 간에 교류협력과 평화의 선 순환적 발전도 기능할 것이다. 이 같은 선 순환적 발전은 한반도의 평화와 번영에 이르게 되고 이는 다시 동북아 지역의 평화와 안보에 기여할 것으로 전망한다.

□ 참 고 문 헌

박건영. "노무현 정부 대북정책의 평가와 과제," 국제정치학회 년례학술대회발표논문(2007년 12월).

조찬래. "한미관계와 한반도 평화체제." 『사회과학연구』, 제18권, 충남대학교 사회과학 연구소(2007년,겨울호).

주성환. "평화번영 정책의 남북한 경제관계에 대한 효과," 『국제지역연구』, 제 11권 제 1호(2007년 3월).

통일부. 『참여정부의 평화 번영정책』, 서울: 통일부, 2003.

하영선. "10・4 공동선언이 남긴 두 가지 숙제." 『조선일보』(2007년10월5일).

『대통령 신년사와 간담회』(2007년 1월2일)

『조선일보』(2006년7월5일)

『조선일보』(2006년10월5일)

『조선일보』(2007년10월5일)

『조선일보』(2008년1월26일)

『중앙일보』(2007년9월12일)

Cossa, Ralph A. North-South Summit: Some Bed, Different Dream Pacific ForumCSIS PacNet Newsletter #38 (September,2007)

〈Absract〉

A The Policy toward North Korea of Roh Moo-Hyun Government : Evaluation and Problems

Cho, Chan Rai (Chungnam National University)

This study is meant to evaluate the policy toward North Korea of Roh Moo-Hyun government under the two assumptions that such a evaluation should be made on the basis of its philosophy and a positive sum game. For the sake of convenience of analysis, this study may categorize the policy toward North Korea of Roh Moo-Hyun government into three categories, i.e. security area, economic area and international area. and evaluate each area respectively. Firs of all, in the security area, the Roh Moo-Hyun government may be said to be positive in that it provided the momentum for solving the nuclear problem of North Korea by drawing the 2. 13 agreement in the six party talks. Despite this partial success, building-up of military confidence between South and North could not be achieved and the nuclear problem of North Korea become the matter to be solve in the future. Secondly in the economic area, the enlargement of economic exchanges between South and North could not result in forming the inter-Korean economic community and the emergence of South Korea as an economic-centric power in the Northeast region. Finally in the international area, it is more difficult to achieve the goals of establishing the system of peace in the Korean peninsula and cooperation system for peace in the Northeast region. therefore, the overall evaluation of the policy toward North of Roh Moo-Hyun government may be termed unsatisfactory. Some problems

can be drawn through these evaluations. Those are as follows: the foremost solution of the nuclear problem , inducing North Korea into a open and reform policy by applying the principle of mutualism. The South Korean government should make all -out efforts to solve the nuclear problem of North Korea because it has become a big obstacle yet to solve other problems. The South Korean government should consider a strategy and policy that would induce North Korea into a open and reform policy and could develop the recovered relations of the U. S-Korea in harmony with the process of establishing the system of peace in the Korean peninsula. These strategy and policy may be necessary for promoting peace and prosperity through the positively cyclic development of economic exchange and development.

Key words : the policy toward North Korea, the nuclear problem of North Korea, the system of peace in the Korean peninsula.

이경통일안보총서 006

노무현 정권 대북정책의 평가

초판 1쇄 발행 2008년 4월 30일

지 은 이 정경환 조경근 박광득
김창희 조찬래

펴 낸 이 이정화

책임편집 이경기획
기획편집 이경기획
북디자인 이경기획
교 정 이경기획

펴 낸 곳 도서출판 이 경
주 소 부산시 북구 금곡동 695
출판등록 제02-08-112호(2004. 8. 4)
전 화 (051)334-8881(代)
팩 스 (051)334-8857

ISBN 978-89-91390-31-7 94340
ISBN 978-89-91390-32-4 94340(세트)

값 15,000원

총 판 한국출판협동조합(Tel. 02-716-5616~9)